1 Ernährung bei Zöliakie

Diese Empfehlungen bitte immer mit Ernährungsberater/in, Arzt oder Diätologen/in absprechen! Die Rezepte und Zutatenlisten unterstützen die medizinischen Therapien.

Die Kalorienangaben frischer Zutaten (Obst und Gemüse) und die Inhaltsstoffe schwanken je nach Qualität und Erntezeit. Die Inhalte wurden von einer Diätologin und einer Ernährungsberaterin für die Traditionelle Chinesische Medizin (TCM) geprüft.

Autor:
©2022 Josef Miligui
Liebe Leserinnen und Leser, ich wünsche Ihnen viel Erfolg und gutes Gelingen bei der Umstellung Ihrer Ernährung. Dieses Buch wurde aus eigener Erfahrung mit Krankheit und Ernährung geschrieben und ich habe schon immer das Zubereiten guter Speisen geschätzt. Wenn Sie nicht so geübt sind im Kochen, empfiehlt sich ein Kurs bei Ernährungsberatern oder Diätologen, die Ihnen die Grundlagen der Kochmethoden sowie die richtige Verarbeitung der Zutaten vermitteln können. Anhand der Lebensmittellisten aus diesem Buch können Sie weitere Rezepte entwickeln und entdecken.

Quelle:
Die Listen werden aus der EBNS-Datenbank für die Ernährungsberatung generiert. Die Datenbank wird von Ernährungsberater, Therapeuten und Ärzte für die Beratung der Patienten/Klienten verwendet und ermöglicht eine Kombination mehrerer Syndrome.

Literaturliste:
Wir haben die Unterlagen als Wissensbasis genutzt und an unsere Erfahrungen angepasst und ergänzt.
www.ebns.at

Herstellung und Verlag:
BoD – Books on Demand, Norderstedt
ISBN: 9783839129142

AF211254

DIÄTETIK - Gastrointestinaltrakt - Dünndarm und Dickdarm - Glutensensitive Enteropathie (Zöliakie)
(Buch: 022)

1 Ernährung bei Zöliakie 1
   1.1 Beschreibung 7
   1.2 Therapiestrategie 7
   1.3 Vermeiden 8
2 Speiseplan 8
   2.1 Frühstück 8
   2.2 Jause 9
   2.3 Mittag 9
   2.4 Nachmittag 11
   2.5 Abend 11
3 Rezepte 13
   3.1 8 Schätze Reis 13
   3.2 Antipasti 14
   3.3 Artischockensuppe 15
   3.4 Austernpilze mit Spargel 16
   3.5 Avocado mit Zitrone 17
   3.6 Bananen-Sojamilch 17
   3.7 Bärlauch-Pesto 18
   3.8 Basmatireis + Zucchini-Tofupfanne 18
   3.9 Birnensaft 19
   3.10 Bitter Lemon 20
   3.11 Bratapfel 20
   3.12 Brokkolicrèmesuppe 21
   3.13 Bunte toskanische Bohnensuppe 22
   3.14 Champignonreis 22
   3.15 Curryreis mit Rosinen und Nüssen 23
   3.16 Ente mit Mungbohnen 24
   3.17 Erdbeer-Joghurt-Mandelmus Mix 25
   3.18 Erfrischende Gurkensuppe mit Kartoffeln 26
   3.19 Exotisches Linsengericht 26
   3.20 Feigen mit Mozzarella und Honig 28
   3.21 Fein gewürzte Zucchini mit Tomaten 28
   3.22 Fenchel-Reissuppe 29
   3.23 Frühstück – eiweißarm 30
   3.24 Frühstück - Reis mit Früchten 30
   3.25 Gekochter Selleriesalat mit exotischen Gewürzen 31
   3.26 Gemüse-Miso-Suppe mit Tofu 32
   3.27 Getreidekaffee mit Kardamom 33

3.28   Grapefruitsaft 33
3.29   Grundrezept für eine Fischbrühe 34
3.30   Grundrezept für eine Hühnerbrühe (wärmend) 34
3.31   Grundrezept für eine nahrhafte Gemüsebrühe 35
3.32   Grundrezept für eine Reissuppe (Congee) 36
3.33   Grundrezept für eine Rinderbrühe (klar) 37
3.34   Gurkensuppe 38
3.35   Heidelbeermus 38
3.36   Hühnersuppe mit Eigelb und Petersilie 39
3.37   Hüttenkäse mit gedünstetem Obst 39
3.38   Joghurt mit Honig und Nüssen 40
3.39   Kalte Kirschsuppe mit Quarkklößchen 40
3.40   Karotten-Risotto 41
3.41   Kartoffel-Basilikumsuppe 42
3.42   Kartoffelcreme mit Kräuter-Frischkäse 43
3.43   Kartoffeln mit Bärlauch-Quark 44
3.44   Kartoffeln mit Quark-Soße 45
3.45   Kohlrabi in Kerbelsoße mit Kartoffeln 45
3.46   Kokoswasser 46
3.47   Kompott aus Äpfeln 47
3.48   Kompott aus einheimischem Obst und Trockenfrüchten ... 47
3.49   Kompott aus Rhabarber 48
3.50   Kürbiscurry 48
3.51   Kürbis-Joghurt-Suppe 49
3.52   Kürbissuppe 50
3.53   Lachs auf Tomaten-Spinat 51
3.54   Lauch-Kartoffel-Gratin 52
3.55   Marinierter Kabeljau auf Kürbispüree 53
3.56   Misosuppe mit Tofu 54
3.57   Ofenkartoffeln mit Sellerie-Quark 54
3.58   Pikante Avocadocreme mit Hüttenkäse 55
3.59   Pikante Tofu-Gemüse-Pfanne 56
3.60   Preiselbeer-Joghurt-Mix 57
3.61   Reis mit Pastinake 57
3.62   Reis-Congee mit Honigbirne und schwarzem Sesam 58
3.63   Reispudding 59
3.64   Rhabarber-Apfel-Grütze 59
3.65   Rinderbrühe mit Eigelb 60
3.66   Rindfleischsalat 61
3.67   Roher Selleriesalat 61
3.68   Rosmarinkartoffeln 62
3.69   Rührei mit Blattsalat-Oliven-Tomaten 63
3.70   Rührei mit Rucola und Kräutern 64

3.71   Russische Kasha mit Weißkohl 64
3.72   Sellerie-Kartoffel-Cremesuppe 65
3.73   Tee aus Anissamen 66
3.74   Tee aus Grüntee 66
3.75   Tee aus Kamille 67
3.76   Tomatensuppe 68
3.77   Tonic Wasser 68
3.78   Ungarischer Reissalat 69
3.79   Vanillecreme mit Beeren 70
3.80   Wärmende Karottensuppe 70
4   Wirkung der Lebensmittel 71
4.1   Zutaten verwenden: empfehlenswert 71
4.2   Zutaten verwenden: ja 72
4.3   Zutaten verwenden: wenig 77
4.4   Kontraindikativ wirkende Lebensmittel nicht verwenden 78
5   Komplementär 80
5.1   Heil-Tee (Aufguss) 80
5.1.1   Baldrian 80
5.1.2   Baldrianwurzel 80
5.1.3   Passionsblume 80
5.1.4   Pfefferminzblätter 81
5.1.5   Schwarzkümmel 81
5.2   Komplementäre Anwendung 81
5.2.1   Ayur Veda 81
5.2.2   Homöopathie 81
5.2.3   Selbsthilfegruppen 82
5.3   Speisezugabe 83
5.3.1   Oregano frisch 83
6   Grundlagen der Ernährung 84
6.1   Ernährung 84
6.2   Rezepte 86
6.3   Lebensmittel 87
6.4   Kräuter 88
7   Weitere Ernährungsvorschläge 89

Vorwort

Die Weltgesundheitsorganisation (WHO) davon spricht, dass bis zu 80% der Erkrankungen durch äußere Faktoren wie Ernährung, Lebensstil, Umweltgifte und dergleichen beeinflusst werden.

Welche Faktoren also jeder einzelne von uns aktiv beeinflussen kann und somit seine Chancen auf Erhöhung der allgemein Gesundheit erzielen kann, darum geht es auf den folgenden Seiten.

Der Fokus in diesem Buch liegt auf dem Faktor mit der größten Hebelwirkung - der Ernährung.
Schon Hippokrates hat einst gesagt "Lass die Nahrung deine Medizin sein und Medizin deine Nahrung!" Kräuterpädagog:innen heute sagen so: "Es gibt für jede Krankheit das richtige Kraut."

Egal wie wir es drehen und wenden, wir sind was wir essen (und was unser Essen gegessen hat). Der moderne Mensch sieht sich gerne isoliert von seiner Umwelt. Wir entstehen aus unserer Umwelt, wir leben inmitten von ihr und wenn wir sterben gehen wir wieder in unsere Umwelt über. Während wir leben essen wir das, was in unserer Umwelt wächst (oder in Fabriken chemisch erzeugt wird). Diese Nahrung liefert die Energie und Bausteine, für den eigenen Körper, für den Stoffwechsel, Zellerneuerung, den Hormonhaushalt und damit für unser gesamtes Sein, die Gesundheit und unser Empfinden.

Hier ein paar Grundbausteine, bevor in dem Buch noch näher auf Ernährungsfaktoren eingegangen wird, die sozusagen der kleinste gemeinsame Nenner der meisten Ernährungsphilosophien sind:

- Saisonalität
  - o Winterpflanzen, wie zum Beispiel verschiedene Kohlgewächse, versorgen uns mit Unmengen von Vitamin C und Bitterstoffen. Zwei Faktoren, die unser Immunsystem bei der Abwehr von der Kälte und den typischen Infekten in der Winterzeit unterstützen.
  - o Sommerpflanzen wie zum Beispiel Gurken, Tomaten aber auch Zitrusfrüchte kühlen unseren aufgeheizten Körper und versorgen uns mit viel Wasser.
  - o Außerdem müssen bei saisonalen Pflanzen weniger chemische Helferlein eingesetzt werden, da die passenden Umweltfaktoren das Wachstum sowieso fördern.
- Regionalität
  - o Damit einher geht auch der Faktor der Regionalität. Regionale pflanzliche Lebensmittel werden reif geerntet und haben somit alle Nährstoffe entwickeln können. Im Gegensatz dazu wird Obst und Gemüse aus ferneren Ländern unreif geerntet und nur durch den Einsatz von chemischen Mitteln unnatürlich "nachgereift" - bzw. nur nach-gefärbt. Die Dichte der Nährstoffe und auch der

Geschmack kann dabei niemals mit regionalen Lebensmitteln mithalten. (Sie haben es vielleicht schon selber erlebt, dass eine Südfrucht aus dem jeweiligen Ursprungsland dort im Urlaub viel süßer und vollmundiger schmeckt als die gleiche Frucht aus dem zentraleuropäischen Supermarkt).

- Pflanzenbasierte Ernährung
  o Ja, diese Basis teilen selbst die Anhänger der Fleischdiät mit den Veganern. Denn bei der Fleischdiät geht es auch um Fleisch von Tieren, die sich artgerecht, sprich von vielen Gräsern und Kräutern ernährt haben. Die Masse an Getreide in der heutigen Ernährung - egal ob bei Mensch oder Tier - entspricht nicht der natürlichen Ernährungsweise. Sie macht uns krank, dick und manche behaupten sogar dumm (das weist auf die Schädigung der neuronalen Netzwerke hin, die durch den Konsum von Kohlenhydraten passiert hin). Pflanzen im Sinne von Gemüse, Kräutern, Salaten, Sprossen, in geringen Mengen Obst, Nüsse, Samen, etc. liefern neben den viel beschriebenen Vitaminen und Mineralstoffen vor allem sekundäre Pflanzenstoffe, die herausragende Heilwirkung haben. So werden eine Vielzahl unserer Medikamente auf Basis der natürlich vorkommenden Pflanzenstoffe nachgebaut. Allerdings sind da diverse Säuren und andere Wirkstoffe extrahiert und wirken nur alleine - mit den Pflanzen selbst nehmen wir sie in einer reichhaltigen und sich gegenseitig verstärkenden Kombination vielerlei wirksamer Stoffe zu uns.

Ja zusätzlich zu diesen 3 großen Punkten gibt es immer noch sehr viel zu beachten. Ein optimales Verhältnis von Omega 3 zu Omega 6 Fettsäuren (empfohlen wird 1:3), eine individuell und situationsbedingte Eiweißversorgung und so weiter.

Eine ganz gute und einfache Richtlinie für die alltägliche Ernährung bietet der ideale Teller. Der sieht so aus, dass möglichst jede Mahlzeit zur Hälfte aus pflanzlichen Bestandteilen besteht, ein Viertel der Eiweißversorgung dient und ein Viertel die Mahlzeit durch gute Fette und eventuell Kohlenhydrate abrundet.

Die Feinjustierung rund um die Zubereitungsarten, die Zusammenstellungen und so weiter sehe ich als sehr individuell an. Es gibt meines Erachtens nicht die 1 perfekte Ernährung. Es gibt so viele großartige Philosophien und Studien, die alle wunderbare Heilungen berichten und sich dabei aber gegenseitig ausschließen. Was auf den ersten Blick vielleicht paradox wirkt, eröffnet bei näherer Betrachtung ganz viele Möglichkeiten des Probierens und neuer Chancen.

Neben der Ernährung werden noch folgende Faktoren genannt:
- die Giftstoffbelastung in unserer Umwelt sowie in Pflegeprodukten oder eben in der Ernährung
- eine Balance aus Aktivität, (kurzzeitigem) Stress und der Entspannung wie auch Schlaf
- Aufarbeitung der emotionalen Wunden aus der Vergangenheit und Steigerung der Resilienz
- Biologische Zahnheilkunde
- eine optimierte Versorgung durch Heilkräuter, Heilpilze udgl.
- Früherkennung durch bewährte und schonende Verfahren
-

1.1 Beschreibung

Die Zöliakie ist eine chronische Erkrankung der Dünndarmschleimhaut auf Grund einer Überempfindlichkeit gegen Gluten, das in vielen Getreidesorten vorkommende Klebereiweiß. Die Unverträglichkeit bleibt lebenslang bestehen, sie ist zum Teil genetisch determiniert und kann derzeit nicht ursächlich behandelt werden.
Durch glutenhaltige Nahrungsmittel entsteht eine Entzündung der Dünndarmschleimhaut mit oft ausgedehnter Zerstörung der Darmepithelzellen. Dadurch können Nährstoffe nur schlecht aufgenommen werden und verbleiben unverdaut im Darm. Symptome sind dementsprechend Gewichtsverlust, Durchfall, Erbrechen, Appetitlosigkeit, Müdigkeit, Misslaunigkeit und im Kindesalter nicht zuletzt eine Gedeihstörung.

1.2 Therapiestrategie

Als Alternative zu den glutenhaltigen Getreidearten ausdrücklich erlaubt sind Hirse, Mais, Reis, Amarant, Tapioka, Buchweizen, Quinoa, Sojabohnen, Kastanie, Kochbanane. Ein Teil dieser Arten wird beispielsweise auch zur Herstellung von glutenfreiem Bier verwendet. Ohnehin erlaubt sind Gemüse einschließlich Kartoffeln, Salate, Früchte, Fleisch und Fisch, Eier, Milch und Milchprodukte.

1.3 Vermeiden

Momentan ist die einzige gesicherte Möglichkeit, die Krankheit zu behandeln, eine lebenslange glutenfreie Diät, wodurch sich die Darmschleimhaut wieder erholt und auch die Risiken der Langzeitfolgen (z.b.: Darmkrebs) sinken. Strikt zu vermeiden sind alle Getreidesorten mit hohem Gluten Gehalt (Weizen, Gerste, Roggen, wie auch deren botanisch verwandten Ursorten Dinkel, Grünkern, Kalmut, Einkorn, Emmer sowie die Roggen-Weizen-Kreuzung Triticale). Bislang ist auch der Verzicht auf die Grasgattung Hafer empfohlen, obwohl sich die chemische Zusammensetzung der Prolamine von der bei Weizen unterscheidet und Hafer in Finnland und England für erwachsene Menschen mit Zöliakie in moderaten Mengen und unter ärztlicher Kontrolle freigegeben wurde. Wildreis ist nunmehr für die Ernährung bei Zöliakie zugelassen. Insbesondere bei verarbeiteten Lebensmitteln und Fertigprodukten muss genau darauf geachtet werden, dass keine glutenhaltigen Zutaten verwendet wurden. Da Gluten technologisch gerne als Emulgator, zum Gelieren, Stabilisieren und als Träger von Aromastoffen eingesetzt wird, ist dies nicht immer auf den ersten Blick zu erkennen.

2 Speiseplan

Kkal. p. Portion

2.1 Frühstück

Bananen-Sojamilch 125,8
Birnensaft 180,0
Bratapfel 408,0
Bunte toskanische Bohnensuppe 249,0
Curryreis mit Rosinen und Nüssen 275,3
Erdbeer-Joghurt-Mandelmus Mix 134,1
Fein gewürzte Zucchini mit Tomaten 203,2
Frühstück – eiweißarm 555,6
Frühstück - Reis mit Früchten 230,7
Gekochter Selleriesalat mit exotischen Gewürzen 165,1
Gemüse-Miso-Suppe mit Tofu 107,0
Getreidekaffee mit Kardamom 3,6
Hüttenkäse mit gedünstetem Obst 214,5

Joghurt mit Honig und Nüssen 258,0
Karotten-Risotto...308,5
Kartoffelcreme mit Kräuter-Frischkäse 217,0
Kokoswasser 30,5
Kompott aus einheimischem Obst und Trockenfrüchten................45,0
Kompott aus Rhabarber...48,2
Kürbis-Joghurt-Suppe..68,2
Misosuppe mit Tofu 51,0
Pikante Avocadocreme mit Hüttenkäse.......................................613,8
Preiselbeer-Joghurt-Mix...57,1
Reis mit Pastinake..206,5
Reis-Congee mit Honigbirne und schwarzem Sesam..................158,9
Reispudding..316,2
Rhabarber-Apfel-Grütze 180,0
Rinderbrühe mit Eigelb 173,5
Rindfleischsalat..249,0
Rosmarinkartoffeln...188,7
Rührei mit Blattsalat-Oliven-Tomaten..419,7
Rührei mit Rucola und Kräutern 360,0
Tee aus Anissamen..2,8
Tee aus Grüntee...3,0
Tonic Wasser..95,0
Ungarischer Reissalat...421,5
Vanillecreme mit Beeren...282,1

2.2   Jause

Bärlauch-Pesto 795,5
Feigen mit Mozzarella und Honig 415,9

2.3   Mittag

8 Schätze Reis...212,6
Antipasti 100,1
Artischockensuppe 142,5
Austernpilze mit Spargel...316,7
Avocado mit Zitrone..289,6
Bananen-Sojamilch...125,8
Bärlauch-Pesto 795,5
Basmatireis + Zucchini-Tofupfanne 145,9
Birnensaft...180,0
Bratapfel 408,0
Brokkolicrèmesuppe 98,0
Bunte toskanische Bohnensuppe 249,0

Champignonreis..410,0
Curryreis mit Rosinen und Nüssen.................................275,3
Ente mit Mungbohnen..746,7
Erdbeer-Joghurt-Mandelmus Mix.....................................134,1
Erfrischende Gurkensuppe mit Kartoffeln.........................148,3
Exotisches Linsengericht...143,8
Fein gewürzte Zucchini mit Tomaten................................203,2
Fenchel-Reissuppe..155,9
Gekochter Selleriesalat mit exotischen Gewürzen............165,1
Gemüse-Miso-Suppe mit Tofu..107,0
Getreidekaffee mit Kardamom...3,6
Gurkensuppe..95,7
Heidelbeermus...10,9
Hühnersuppe mit Eigelb und Petersilie.............................117,8
Hüttenkäse mit gedünstetem Obst....................................214,5
Joghurt mit Honig und Nüssen..258,0
Kalte Kirschsuppe mit Quarkklößchen..............................320,4
Karotten-Risotto...308,5
Kartoffel-Basilikumsuppe..95,6
Kartoffelcreme mit Kräuter-Frischkäse.............................217,0
Kartoffeln mit Bärlauch-Quark...254,3
Kartoffeln mit Quark-Soße...413,7
Kohlrabi in Kerbelsoße mit Kartoffeln...............................187,7
Kokoswasser...30,5
Kompott aus Äpfeln...67,3
Kompott aus einheimischem Obst und Trockenfrüchten.....45,0
Kompott aus Rhabarber...48,2
Kürbiscurry..193,3
Kürbis-Joghurt-Suppe...68,2
Kürbissuppe..104,7
Lachs auf Tomaten-Spinat...364,8
Lauch-Kartoffel-Gratin...368,6
Marinierter Kabeljau auf Kürbispüree...............................201,6
Misosuppe mit Tofu...51,0
Ofenkartoffeln mit Sellerie-Quark.....................................304,0
Pikante Avocadocreme mit Hüttenkäse.............................613,8
Pikante Tofu-Gemüse-Pfanne...241,4
Preiselbeer-Joghurt-Mix..57,1
Reis mit Pastinake...206,5
Reis-Congee mit Honigbirne und schwarzem Sesam........158,9
Reispudding...316,2
Rhabarber-Apfel-Grütze...180,0
Rinderbrühe mit Eigelb..173,5

Rindfleischsalat 249,0
Roher Selleriesalat 590,0
Rosmarinkartoffeln 188,7
Rührei mit Blattsalat-Oliven-Tomaten 419,7
Rührei mit Rucola und Kräutern 360,0
Russische Kasha mit Weißkohl 250,5
Sellerie-Kartoffel-Cremesuppe 112,9
Tee aus Anissamen 2,8
Tee aus Grüntee 3,0
Tomatensuppe 100,5
Tonic Wasser 95,0
Ungarischer Reissalat 421,5
Wärmende Karottensuppe 133,4

2.4 Nachmittag

Feigen mit Mozzarella und Honig 415,9
Reispudding 316,2

2.5 Abend

Artischockensuppe 142,5
Basmatireis + Zucchini-Tofupfanne 145,9
Birnensaft 180,0
Brokkolicrèmesuppe 98,0
Erdbeer-Joghurt-Mandelmus Mix 134,1
Erfrischende Gurkensuppe mit Kartoffeln 148,3
Exotisches Linsengericht 143,8
Fein gewürzte Zucchini mit Tomaten 203,2
Fenchel-Reissuppe 155,9
Gekochter Selleriesalat mit exotischen Gewürzen 165,1
Gemüse-Miso-Suppe mit Tofu 107,0
Getreidekaffee mit Kardamom 3,6
Heidelbeermus 10,9
Kartoffel-Basilikumsuppe 95,6
Kohlrabi in Kerbelsoße mit Kartoffeln 187,7
Kokoswasser 30,5
Kompott aus Äpfeln 67,3
Kompott aus einheimischem Obst und Trockenfrüchten .. 45,0
Kompott aus Rhabarber 48,2
Kürbiscurry 193,3
Kürbis-Joghurt-Suppe 68,2
Kürbissuppe 104,7
Marinierter Kabeljau auf Kürbispüree 201,6

Misosuppe mit Tofu 51,0
Ofenkartoffeln mit Sellerie-Quark 304,0
Pikante Tofu-Gemüse-Pfanne 241,4
Preiselbeer-Joghurt-Mix.. 57,1
Reis mit Pastinake 206,5
Reis-Congee mit Honigbirne und schwarzem Sesam 158,9
Rosmarinkartoffeln.. 188,7
Russische Kasha mit Weißkohl 250,5
Sellerie-Kartoffel-Cremesuppe 112,9
Tee aus Anissamen 2,8
Tee aus Grüntee.. 3,0
Tomatensuppe 100,5
Tonic Wasser.. 95,0
Ungarischer Reissalat... 421,5
Wärmende Karottensuppe 133,4

3 Rezepte

empfehlenswert = Sie können mehr verwenden
wenig = wenn möglich weniger verwenden
weniger als angegeben = möglichst nicht verwenden

3.1 8 Schätze Reis

Harntreibend, erwärmt den Körper von innen, erweitert die Gefäße, stärkt die Muskeln, reguliert Innenorganfunktionen, stärkt Milz, lindert Diarrhö, reduziert Ausfluss, baut Lunge, Milz und Nieren auf, beruhigt Nerven.

Anzahl Portionen: 4
Kalorien p. Portion 213
Gramm p. Portion 266,25
Kochdauer ca. 1 Stunde
(Kohlehydrat:89,13% / Eiweiß & Fett:10,87%)
100g.≈ Eiweiß 4,52g. Fett:1,32g.
µg. - Ph:18,36 Na:0,75 Ka:8,74 Mg:9,04 Ca:2,25 Fe:0,15 Zn:0,03 Col.:0 Hsr.:7,57

Zutaten:
Lilienzwiebel 1 EL / 5g. ()
Longane 1 EL / 5g. (ja)
Weißwurz 1 EL / 5g. (ja)
Yamswurzel, Yamswurzelknolle 1 EL / 5g. (ja)
Hiobsträne (Samen) YiYi Ren 1 EL / 5g. (ja)
Reis Wilder (Naturreis) 2 Tassen / 240g. (ja)
Wasser 8-10 Tassen / 800g. (ja)

Kochanleitung:
Je 1 EL: Bai He (Lilienzwiebel), Longan (Longan/Drachenaugenfrucht), Yu Zhu (Wohlriechender Weißwurz-Wurzelstock), Da Zao, Shan Yao (Yamswurzel, Yamswurzelknolle), Lian Mi, Yi Yi Ren (Samen der Hiobsträne), Qian Shi (Makanasternsamen)Mit heißem Wasser übergießen und ca. 30 Min. einweichen. Anschließend: 1-2 Tassen Reis (normal) hinzufügen und ½ bis 1 Std. köcheln, bis der Reis sehr weich ist. Oder: Aus Vollwertreis ca. 3 Std. lang zusammen mit den Kräutern ein Congee kochen. Dann müssen die Kräuter nicht eingeweicht werden.

3.2 Antipasti

Fördert Durchblutung, lindert Entzündungen und Schmerzen, harntreibend, senkt Blutdruck, antioxidativ, antibakteriell, regt Kreislauf an. Hilft bei: Appetitlosigkeit, Magen- und Verdauungsschwäche, Blähungen.

Anzahl Portionen: 3
Kalorien p. Portion 100
Gramm p. Portion 246,83
Kochdauer ca. 40 min.
(Kohlehydrat:53,79% / Eiweiß & Fett:46,21%)
100g.≈ Eiweiß 2,75g. Fett:5,61g.
µg. - Ph:7,93 Na:1,08 Ka:67,5 Mg:5,14 Ca:7,21 Fe:0,24 Zn:0,03 Col.:0 Hsr.:5,8

Zutaten:
Peperoni 1 Stück / 5g. (ja)
Zitrone Saft 1 EL / 10g. (ja)
Aubergine 1 Stück / 300g. (ja)
Tomate 4 Stück / 200g. (empfehlenswert)
Zucchini 200 g. / 200g. (empfehlenswert)
Zitrone Schale 1/2 Stück / 3g. (ja)
Olivenöl 1 EL / 15g. (ja)
Basilikum (frisch) 8 Blätter / 5g. (ja)
Salz 1 Prise / 0,5g. (wenig)
Koriander 1/2 TL / 2g. (ja)

Kochanleitung:
Peperoni im Ofen bei 250 Grad backen, bis die Schale dunkel wird (ca. 20 Min.). Die Peperoni abdecken und auskühlen lassen, häuten und in ca. 2 cm breite Streifen schneiden. Tomaten halbieren und gemeinsam mit den in Scheiben geschnittenen Auberginen mit Öl bestreichen und im Ofen bei 200 Grad goldbraun backen (ca. 10 Min.).
Zucchinischeiben in Grillpfanne (ohne Fett) anbraten. Alles zusammen anrichten, die Marinade aus Olivenöl, Salz und Zitronenschale mischen und über das Gemüse gießen. Mit Koriander bestreuen und 1 Std. ziehen lassen.

3.3 Artischockensuppe

Fördert Appetit, entgiftet, reguliert die Verdauung, nährt Blut, erweitert Blutgefäße, sanftes Abführmittel, fördert Gewichtsabnahme, stärkt Magen-Darm-Funktion, bakterizid, beugt Krebs vor, harntreibend.

Anzahl Portionen: 3
Kalorien p. Portion 143
Gramm p. Portion 243,67
Kochdauer ca. 40 min.
Allergene: GLN
(Kohlehydrat:60,32% / Eiweiß & Fett:39,68%)
100g.≈ Eiweiß 3,3g. Fett:10,01g.
µg. - Ph:18,58 Na:43,88 Ka:39,61 Mg:18,21 Ca:61,23 Fe:0,29 Zn:0,03 Col.:0,73 Hsr.:11,24

Zutaten:
Artischocke 4 Stück / 400g. (ja)
Butter Bio 1 EL / 20g. (ja)
Zwiebel Schalotte 1 Stück / 20g. (ja)
Mais Mehl (Maizena) 1 EL / 10g. (wenig)
Muskatnuss 1 Prise / 0,5g. (ja)
Grundrezept für eine Gemüsebrühe nahrhaft 1/4 Liter / 250g. (ja)
Salz 1 Prise / 0,5g. (wenig)
Zitrone 1/4 Stück / 8g. (ja)
Zitrone Schale 1/4 Stück / 1g. (ja)
Kurkuma (Gelbwurz) 1 Prise / 1g. (ja)
Sesam Paste (Tahini) 1 EL / 10g. (ja)
Sesam, Weißer 1 TL / 10g. (wenig)

Kochanleitung:
Artischocken in gut 2 l gesalzenem Wasser kochen, bis die Außenblätter leicht abgehen. Blätter und faserige Blütenmitte entfernen, so dass nur der Boden übrigbleibt. Butter zerlassen, Zwiebel klein schneiden und leicht andünsten. Etwas Maismehl und Muskat zugeben und mit Gemüsebrühe aufgießen. Salz, etwas Zitronenschale und -saft, Kurkuma und Artischockenböden hinzufügen, weich kochen und pürieren. Am Ende mit Tahin abschmecken und vor dem Servieren mit Sesam bestreuen.

3.4 Austernpilze mit Spargel

Baut Kräfte auf, lindert Entzündungen, fördert Verdauung, senkt Cholesterinspiegel, stärkt Nieren, baut Essenz auf, befeuchtet den Darm, regt Leberfunktion an, fördert Durchblutung, verbessert Medikamentenwirkung, regt Appetit an.

Anzahl Portionen: 4
Kalorien p. Portion 317
Gramm p. Portion 383,02
Kochdauer ca. 30 min.
Allergene: GH
(Kohlehydrat:49,87% / Eiweiß & Fett:50,13%)
100g.≈ Eiweiß 9,44g. Fett:18,25g.
µg. - Ph:15,89 Na:1,2 Ka:61,95 Mg:4,83 Ca:6,05 Fe:0,2 Zn:0,03 Col.:0,39 Hsr.:28,42

Zutaten:
Zwiebel weiss 1 Stück / 50g. (ja)
Butter Bio 2 EL / 40g. (ja)
Austernpilze 300 g. / 300g. (ja)
Sake 2 EL / 40g. (ja)
Petersilie 2 EL / 40g. (ja)
Walnüsse 3 EL / 60g. (empfehlenswert)
Spargel (grün oder weiß) 500g. / 500g. (empfehlenswert)
Salz 1 Prise / 1g. (wenig)
Zucker (weiß, aus Rüben) 1 Prise / 0,1g. (wenig)
Kartoffel 1/2 Kg. / 500g. (ja)
Salz Kräutersalz 1 Prise / 1g. (ja)

Kochanleitung:
Bio-Kartoffeln in der Schale kochen, sonst Salzkartoffeln zubereiten. Spargel in Salzwasser mit einer Prise Zucker und Salz kochen. Um die Bitterstoffe aufzunehmen, kann ein altbackenes Brötchen mitgekocht werden. Die klein geschnittenen Zwiebeln in einer Pfanne in der Butter leicht anbraten, dann die mundgerecht geschnittenen Austernpilze zugeben und ebenfalls kurz anbraten und unter mehrmaligem Umrühren 15 Min. dünsten. Sake, Walnüsse und Petersilie zufügen und auf kleiner Flamme köcheln lassen, während Sie Kartoffeln und Spargel abgießen. Zum Schluss noch etwas Kräutersalz drüberstreuen. Wenn kein frischer Spargel verfügbar ist, kann Spargel aus Gläsern verwendet werden.

3.5 Avocado mit Zitrone

Gut bei Schlafstörungen, Entzündungen, Schwellungen, Schmerzen und Juckreiz, beruhigend.

Anzahl Portionen: 1
Kalorien p. Portion 290
Gramm p. Portion 131
Kochdauer ca. 5 Min.
(Kohlehydrat:16,54% / Eiweiß & Fett:83,46%)
100g.≈ Eiweiß 2,34g. Fett:28,24g.
µg. - Ph:37,02 Na:5,87 Ka:469,27 Mg:29,31 Ca:11,83 Fe:0,59 Zn:0,38 Col.:0 Hsr.:29,01

Zutaten:
Avocado 1/2 Stück / 120g. (ja)
Zitrone Saft 1/2 Stück / 10g. (ja)
Salz 1 Prise / 1g. (wenig)

Kochanleitung:
Avocado halbieren, Kern entfernen, Zitronensaft hineingießen, salzen und auslöffeln.

3.6 Bananen-Sojamilch

Gut bei Appetitlosigkeit, Mundschleimhautentzündung. Stärkt Körperenergie, fördert Verdauung, lindert Schmerzen, entgiftet, bakterizid.

Anzahl Portionen: 2
Kalorien p. Portion 126
Gramm p. Portion 263
Kochdauer ca. 5 Min.
Allergene: E
(Kohlehydrat:59,53% / Eiweiß & Fett:40,47%)
100g.≈ Eiweiß 7,49g. Fett:4,14g.
µg. - Ph:21,94 Na:251,11 Ka:110,08 Mg:13,31 Ca:9,78 Fe:0,4 Zn:0,11 Col.:0 Hsr.:33,68

Zutaten:
Banane 1 Stück / 120g. (ja)
Sojabohnenmilch 400 ml. / 400g. (ja)
Honig 1 TL / 3g. (ja)
Zimtpulver 1 Prise / 1g. (ja)
Acerola Fruchtnektar oder Pulver 1 TL / 2g. (ja)

Kochanleitung:
Banane in Stücke schneiden, mit Sojamilch, Acerola, Honig und Zimt mit dem Mixstab pürieren.

3.7 Bärlauch-Pesto

Verbessert die Fließeigenschaften des Blutes, hat hohen Vitamin-C-Gehalt, reinigt Magen und Blut, gut bei Arteriosklerose und Bluthochdruck.

Anzahl Portionen: 2
Kalorien p. Portion 796
Gramm p. Portion 165,65
Kochdauer ca. 10 Min.
Allergene: G
(Kohlehydrat:4,31% / Eiweiß & Fett:95,69%)
100g.≈ Eiweiß 14,02g. Fett:82,66g.
µg. - Ph:81,99 Na:64,48 Ka:108,53 Mg:26,4 Ca:78,93 Fe:1,31 Zn:0,29 Col.:1,95 Hsr.:2,53

Zutaten:
Bärlauch (Knoblauchspinat) 125 g. / 125g. (ja)
Parmesan 30 g. / 30g. (ja)
Pinienkerne 50 g. / 50g. (ja)
Olivenöl 125 g. / 125g. (ja)
Salz 1 Prise / 1g. (wenig)
Pfeffer gemahlen 1 Prise / 0,3g. ()

Kochanleitung:
Frischer Bärlauch: Bärlauchblätter waschen, vorsichtig abtrocknen und in feine Streifen schneiden. Getrockneter Bärlauch: ca. 80 g in 40 ml Wasser 10 Min. quellen lassen. Pinienkerne vorsichtig hellbraun anrösten und mit einem großen Messer sehr fein schneiden oder in einer Mühle reiben. Einige der Kerne zum Garnieren aufheben. Alle Zutaten in ein hohes Gefäß geben und mit einem Mixstab zerkleinern und vermischen. Das Pesto in eine Schüssel oder in ein Glas füllen und im Kühlschrank aufbewahren (Tage bis Wochen haltbar). Man kann Bärlauch-Pesto als Soße zu Spaghetti essen; es schmeckt aber auch zu Kartoffeln oder auf Brot sehr gut.

3.8 Basmatireis + Zucchini-Tofupfanne

Harntreibend, harmonisiert Milz und Magen, lindert Blähungen. Gut bei Übergewicht und Bluthochdruck. Antioxidativ, fördert Verdauung, entgiftet, stärkt Säfteproduktion, treibt Schweiß, stärkt Magen.

Anzahl Portionen: 4
Kalorien p. Portion 146
Gramm p. Portion 306,75
Kochdauer ca. 20 min.
Allergene: E
(Kohlehydrat:56,62% / Eiweiß & Fett:43,38%)
100g.≈ Eiweiß 7,95g. Fett:4,89g.
µg. - Ph:13,21 Na:0,7 Ka:33,77 Mg:10,99 Ca:11,98 Fe:0,34 Zn:0,02 Col.:0 Hsr.:7,75

Zutaten:
Soja Tofu 250 g. / 250g. (ja)
Olivenöl 2 EL / 6g. (ja)
Koriander 1/2 TL / 4g. (ja)
Ingwer frisch 1/2 TL / 4g. (ja)
Reis Basmatireis 1/2 Tasse / 60g. (ja)
Wasser 3 Tassen / 200g. (ja)
Zucchini 1 Stück / 700g. (empfehlenswert)

Kochanleitung:
Tofu würfelig schneiden und mit Olivenöl, Tamari, zerstoßenem
Koriander und Ingwer marinieren und mindestens 1 Std. ziehen lassen.
Basmatireis im Wasser kochen und evtl. mit Zwiebel und Kardamom
würzen. Zucchini und Tofu in einer Pfanne in heißem Öl ca. 5-7 Min.
rösten und auf Tellern getrennt vom Reis anrichten. Petersilie
drüberstreuen. Kann auch kalt als Salat für zuhause oder unterwegs
verwendet werden.

3.9 Birnensaft

Fördert Verdauung, harntreibend.
Anzahl Portionen: 2
Kalorien p. Portion 180
Gramm p. Portion 300
Kochdauer ca. 5 min.
(Kohlehydrat:93,06% / Eiweiß & Fett:6,94%)
100g.≈ Eiweiß 1,8g. Fett:1,2g.
µg. - Ph:7,5 Na:1 Ka:62,5 Mg:3,5 Ca:4,5 Fe:0,15 Zn:0,05 Col.:0 Hsr.:7,5

Zutaten:
Birne 3 Stück / 600g. (empfehlenswert)

Kochanleitung:
Bio-Birnen mit Schale (Vitamine sind vor allem unter der Schale)
vierteln, entkernen und in der Saftpresse entsaften.

3.10 Bitter Lemon

Appetitanregend
Anzahl Portionen: 1
Kalorien p. Portion 130
Gramm p. Portion 250
Kochdauer ca. 5 Min.
(Kohlehydrat:92,75% / Eiweiß & Fett:7,25%)
100g.≈ Eiweiß 2,5g. Fett:0g.
µg. - Ph:6 Na:4 Ka:1 Mg:1 Ca:4 Fe:0 Zn:0 Col.:0 Hsr.:0

Zutaten:
Bitter Lemon 1 Glas / 250g. (ja)

3.11 Bratapfel

Gut bei akuter oder chronischer Verstopfung, erwärmt Magen und Milz,
fördert Durchblutung. Gut bei Magenschmerzen, Verdauungsstörungen,
Nierenschwäche, Rücken- und Bauchschmerzen, Nierenschwäche.
Anzahl Portionen: 4
Kalorien p. Portion 408
Gramm p. Portion 353,5
Kochdauer ca. 30 Min.
Allergene: GH
(Kohlehydrat:51% / Eiweiß & Fett:49%)
100g.≈ Eiweiß 11,89g. Fett:22,21g.
µg. - Ph:5,08 Na:1,79 Ka:11,92 Mg:1,37 Ca:5,71 Fe:0,03 Zn:0,03 Col.:4,65 Hsr.:0,51

Zutaten:
Apfel (sauer) 4 Stück / 500g. (empfehlenswert)
Haselnüsse 50 g. / 50g. (ja)
Mandeln 50 g. / 50g. (ja)
Zimtpulver 1 Prise / 0,2g. (ja)
Vanillezucker natur 1 Paket / 3g. (ja)
Kuhmilch (Vollmilch 3,5 % Fett) 2 EL / 24g. (ja)
Zucker (Staubzucker) 3 EL / 36g. (wenig)
Zimtpulver 1 Prise / 1g. (ja)

Kochanleitung:
Die Äpfel waschen, einen Deckel abkappen, Kerngehäuse mit einem
Teelöffel ausstechen, so dass unten der Apfel dicht bleibt. Nüsse,
Mandelstifte, Fruchtzucker, Milch, Vanillezucker und Zimt gut
vermengen und die Masse in die Äpfel füllen. Die Deckel wieder
aufsetzen. Im vorgeheizten Backofen bei 180 Grad ca. 20 Min. backen.
Staubzucker und Zimt mischen,
Vanille-Joghurt auf Teller verteilen, jeweils 1 Bratapfel darauf setzen,
mit Zimt-Staubzuckermischung bestreuen und sofort heiß servieren!

3.12 Brokkolicrèmesuppe

Gegen Thrombose, fördert Schilddrüsenfunktion, stärkt das Immunsystem, fördert Aufbau und Erhalt von gesunden Knochen, Zähnen, Haaren und Nägeln. Senkt Blutdruck, bakterizid, beugt Krebs vor, reduziert Strahlenverletzungen.

Anzahl Portionen: 6
Kalorien p. Portion 98
Gramm p. Portion 251,25
Kochdauer ca. 30 min.
Allergene: LO
(Kohlehydrat:78,7% / Eiweiß & Fett:21,3%)
100g.≈ Eiweiß 4,18g. Fett:1,91g.
µg. - Ph:6,81 Na:2,68 Ka:26,22 Mg:8,36 Ca:32,5 Fe:0,16 Zn:0,01 Col.:0 Hsr.:2,7

Zutaten:
Olivenöl 2-3 EL / 7g. (ja)
Brokkoli 500 g. / 500g. (empfehlenswert)
Karotte (Mohrrübe, Möhre) 2 Stück / 150g. (empfehlenswert)
Kartoffel 2 Stück / 120g. (ja)
Zwiebel weiss 1 Stück / 50g. (ja)
Wasser 1 Tasse / 50g. (ja)
Grundrezept für eine Gemüsebrühe nahrhaft 1/2 Liter / 500g. (ja)
Weißwein 1/8 Liter / 125g. (wenig)
Salbei 1 TL / 2g. (ja)
Rosmarin 1 TL / 2g. (ja)
Pfeffer gemahlen 1 Prise / 0,5g. ()
Salz 1 Prise / 1g. (wenig)

Kochanleitung:
Olivenöl in die Pfanne geben, den gewaschenen und in Stücke geschnittenen Brokkoli, gewürfelte Karotten und Kartoffeln zugeben, kurz andünsten, klein geschnittene Zwiebel zufügen und alles mindestens drei fingerbreit mit Wasser auffüllen. Mit Brühe und ganz wenig Weißwein aufgießen und mit Salz, geschnittenem Salbei und Rosmarin würzen, aufkochen lassen und auf kleinem Feuer ca. 25 Min. köcheln lassen. Mit Pfeffer und evtl. noch mal Meersalz würzen und alles pürieren.

3.13 Bunte toskanische Bohnensuppe

Fördert Verdauung, hilft Fett zu verdauen, harntreibend, senkt Blutdruck und beruhigt den Magen.

Anzahl Portionen: 3
Kalorien p. Portion 249
Gramm p. Portion 256
Kochdauer ca. 2 Stunden
Allergene: L
(Kohlehydrat:38% / Eiweiß & Fett:62%)
100g.≈ Eiweiß 6,91g. Fett:17,64g.
µg. - Ph:1,92 Na:0,64 Ka:6,57 Mg:1,02 Ca:1,91 Fe:0,4 Zn:0,03 Col.:0,01 Hsr.:3,71

Zutaten:
Nierenbohnen (rote) 50 g. / 50g. (ja)
Kichererbsen 25 g. / 25g. (ja)
Linsen (Helmbohnen) 25 g. / 25g. (empfehlenswert)
Sellerie Stangensellerie 1 Stange / 10g. (empfehlenswert)
Tomate 2 Stück / 100g. (empfehlenswert)
Fenchelsamen gemahlen 1/2 TL / 1g. (ja)
Salz 1 Prise / 1g. (wenig)
Pfeffer gemahlen 1 Prise / 0,5g. ()
Knoblauch 1 Zehe / 3g. (ja)
Olivenöl 3 EL / 50g. (ja)
Wasser 600 ml. / 500g. (ja)
Basilikum (frisch) 5-7 Blätter / 3g. (ja)

Kochanleitung:
Hülsenfrüchte einweichen, kochen und pürieren. Gemüse, Gewürze, Kräuter und Öl zugeben und alles 2 Std. leicht garen. Variante: Esskastanien (Maronen) geben dem Gericht noch eine speziell italienische Note.

3.14 Champignonreis

Stärkt Nieren, ist harntreibend, erwärmt den Körper von innen, erweitert die Gefäße, stärkt die Muskeln, fördert die Verdauung, kuriert Bluthochdruck, löst Stagnation, fördert Gewichtsabnahme. Gut bei Abwehrschwäche und Appetitlosigkeit.

Anzahl Portionen: 2
Kalorien p. Portion 410
Gramm p. Portion 341
Kochdauer ca. 30 Min.
Allergene: L
(Kohlehydrat:89% / Eiweiß & Fett:11%)
100g.≈ Eiweiß 10,01g. Fett:3,44g.
µg. - Ph:30,31 Na:3,54 Ka:32,26 Mg:27,24 Ca:62,74 Fe:0,37 Zn:0,16 Col.:0 Hsr.:12,22

Zutaten:
Zwiebel weiss 1 Stück / 50g. (ja)
Lorbeerblatt 2 Stück / 1g. (ja)
Nelke 2 Stück / 1g. (ja)
Grundrezept für eine Gemüsebrühe nahrhaft 400 g. / 350g. (ja)
Reis Vollkorn 200 g / 200g. (ja)
Champignon 60 g. / 60g. (ja)
Petersilie 20 g. / 20g. (ja)
Pfeffer gemahlen 1 Prise / 0,2g. ()

Kochanleitung:
Die Nelken in die Zwiebel stecken, die Gemüsebrühe mit der Zwiebel
und den Lorbeerblättern zum Kochen bringen und den Reis in die
kochende Flüssigkeit geben. Temperatur auf die kleinste Stufe
zurückschalten und mit geschlossenem Deckel 20-25 Min. garziehen
lassen. In der Zwischenzeit die Champignons putzen, in Scheiben
schneiden, mit wenig Wasser kurz andünsten oder anbraten. Die
Petersilie waschen und fein hacken. Aus dem fertigen Reis die Zwiebel
herausnehmen, die Champignons und die Petersilie hinzugeben und
mit Pfeffer und Salz abschmecken.

3.15 Curryreis mit Rosinen und Nüssen

Stoppt Durchfall, fördert Verdauung, regt Appetit an, harmonisiert
Magen, fördert Durchblutung, verbessert Medikamentenwirkung,
entschlackt die Haut, regt Nerven an, befreit Atmung, erhöht
Körpertemperatur, schweißtreibend.
Anzahl Portionen: 4
Kalorien p. Portion 275
Gramm p. Portion 291
Kochdauer ca. 30 min.
Allergene: HO
(Kohlehydrat:76,19% / Eiweiß & Fett:23,81%)
100g.≈ Eiweiß 3,78g. Fett:8,88g.
µg. - Ph:12,77 Na:2,26 Ka:25,36 Mg:5,82 Ca:3,11 Fe:0,14 Zn:0,02 Col.:0 Hsr.:4,85

Zutaten:
Sonnenblumenöl 1 EL / 15g. (ja)
Zwiebel weiss 1 Stück / 50g. (ja)
Curry 1/2 TL / 2g. (ja)
Reis Wilder (Naturreis) 1 Tasse / 120g. (ja)
Salz 1 Prise / 1g. (wenig)

Weißwein 1/8 Liter / 125g. (wenig)
Zitrone alternativ für Weißwein / g. (ja)
Paprika (Rosenpaprikapulver) 1 Prise / 1g. (ja)
Apfel (süß) 2 Stück / 300g. (empfehlenswert)
Rosinen 2 EL / 25g. (ja)
Walnüsse 2 EL / 25g. (empfehlenswert)
Wasser 6 Tassen / 500g. (ja)

Kochanleitung:
Öl in einem Topf erhitzen und kleingeschnittene Zwiebeln darin glasig
dünsten. Curry dazugeben und kurz aufschäumen lassen. Dann rohen
Reis einige Minuten bei schwacher Hitze unter ständigem Rühren darin
anbraten. Salz, einen Schuss Weißwein oder Zitronensaft,
Rosenpaprika, süße Äpfel (kleingeschnitten), Rosinen und gehackte,
geröstete Nüsse zufügen. Mit heißem Wasser übergießen, bis alles gut
bedeckt ist und köcheln lassen, bis der Reis gar ist. Dazu passt:
Karotten-Fenchel-Gemüse, Hülsenfrüchte mit gekochtem Gemüse,
geschnetzeltes Geflügel mit Ingwer und Pilzen.

3.16 Ente mit Mungbohnen

Stärkt Blut, Magen, Milz, Leber und Immunsystem, senkt Blutdruck, ist
harntreibend und bakterizid, beugt Krebs vor, reduziert
Strahlenverletzungen, löst Stagnation.
Anzahl Portionen: 5
Kalorien p. Portion 747
Gramm p. Portion 354,3
Kochdauer ca. 2 Stunden
Allergene: E
(Kohlehydrat:19,51% / Eiweiß & Fett:80,49%)
100g.≈ Eiweiß 56,76g. Fett:46,02g.
µg. - Ph:40,1 Na:8,17 Ka:39,36 Mg:10,47 Ca:7,18 Fe:0,4 Zn:0,05 Col.:2,15 Hsr.:34,55

Zutaten:
Ente (Frühmastente, schlachtfrisch) 1/2 Stück / 1250g. (ja)
Zwiebel weiss 2 Stück / 120g. (ja)
Karotte (Mohrrübe, Möhre) 1 Stück / 120g. (empfehlenswert)
Knoblauch 1 Zehe / 3g. (ja)
Mungbohne 250 g. / 250g. (ja)
Pfeffer Körner 3 Stück / 2g. (ja)
Honig 1 TL / 3g. (ja)
Sojasauce 1 TL / 3g. (ja)
Zitrone Saft 1 TL / 3g. (ja)

Salz 1 Prise / 1g. (wenig)
Pfeffer gemahlen 1 Prise / 0,5g. ()
Olivenöl 1 EL / 10g. (ja)
Lorbeerblatt 2 Blätter / 2g. (ja)
Schwarzkümmel 1 Prise / 1g. (ja)
Bohnenkraut 1 TL / 2g. (empfehlenswert)

Kochanleitung:
Mungbohnen am Vortag einweichen. Die Ente kalt abspülen, das
Gemüse waschen, putzen und in grobe Stücke schneiden. Das Fleisch
und das Gemüse in einen Topf geben und knapp mit Wasser bedecken.
Lorbeerblätter, Bohnenkraut, Beifuß und Pfefferkörner zugeben, bei
mittlerer Hitze aufkochen und weitere 45 Min. kochen lassen. Ab und zu
abschäumen. Die Ente aus dem Fond nehmen, erkalten lassen und
über Nacht kühl aufbewahren. Die gehackten Zwiebel in einem Topf in
Olivenöl anschwitzen und mit 250 ml Fond aufgießen. Das vorgekochte
Gemüse und die Mungbohnen zugeben und mit Honig, Sojasoße,
Zitronensaft, Salz, zerstoßenem Schwarzkümmel und Pfeffer
abschmecken. Mit Reis oder Kartoffeln servieren.

3.17 Erdbeer-Joghurt-Mandelmus Mix

Lindert Schmerzen und Entzündungen bei Rheuma, leicht abführend,
entgiftet, bakterizid. Gut bei akuter oder chronischer Verstopfung.
Anzahl Portionen: 3
Kalorien p. Portion 134
Gramm p. Portion 303,67
Kochdauer ca. 5 Min.
Allergene: GH
(Kohlehydrat:72,83% / Eiweiß & Fett:27,17%)
100g.≈ Eiweiß 4,53g. Fett:3,36g.
µg. - Ph:14,01 Na:4,45 Ka:50,73 Mg:5,21 Ca:17,13 Fe:0,28 Zn:0,02 Col.:0,12 Hsr.:6,49

Zutaten:
Joghurt (natur, 1,5 % Fett) 200 g / 200g. (empfehlenswert)
Erdbeere 700 g. / 700g. (empfehlenswert)
Honig 1 TL / 3g. (ja)
Acerola Fruchtnektar oder Pulver 1 TL / 2g. (ja)
Mandelmus 2 TL / 6g. (ja)

Kochanleitung:
Joghurt, Erdbeeren, Acerola, Honig und Mandelmus im Mixer fein
pürieren.

3.18 Erfrischende Gurkensuppe mit Kartoffeln

Harntreibend, entgiftend, unterdrückt Umwandlung von Zucker in Fett, senkt Cholesterinspiegel, beugt Krebs vor, lindert Entzündungen, verbessert Verdauung, löst Stagnation, fördert Appetit.

Anzahl Portionen: 3
Kalorien p. Portion 148
Gramm p. Portion 307,33
Kochdauer ca. 15 Min
Allergene: GN
(Kohlehydrat:70% / Eiweiß & Fett:30%)
100g.≈ Eiweiß 3,93g. Fett:5,09g.
µg. - Ph:3,72 Na:0,77 Ka:23,54 Mg:1,43 Ca:2 Fe:0,05 Zn:0,02 Col.:0 Hsr.:1,19

Zutaten:
Sesamöl 1 EL / 10g. (empfehlenswert)
Kartoffel 4 Stück / 300g. (ja)
Zwiebel Frühlingszwiebel 3 Stück / 60g. (ja)
Pfeffer gemahlen 1 Prise / 0,5g. ()
Muskatnuss 1 Prise / 1g. (ja)
Salz 1 Prise / 1g. (wenig)
Zitrone 1/2 Stück / 25g. (ja)
Gurke 2 Stück / 500g. (empfehlenswert)
Sahne, süß 30% 1 EL / 10g. (wenig)
Dill 1 EL / 15g. (ja)

Kochanleitung:
Kleingeschnittene Kartoffeln und reichlich Frühlingszwiebeln in Sesamöl anbraten und mit Pfeffer, etwas Muskat, Salz und Zitronensaft würzen. Heißes Wasser und gewürfelte Salatgurke dazugeben, ca. 10 Min. dünsten und danach pürieren. Etwas süße Sahne nach Belieben und frischen Dill zufügen. Variante: Etwas Chili, Oregano, Thymian oder Rosmarin dazugeben, um die abkühlende Wirkung zu mildern.

3.19 Exotisches Linsengericht

Stärkt Herz und Nieren, harntreibend, beruhigt den Magen, fördert Verdauung, löst Stagnation, hilft Fett zu verdauen, senkt Blutdruck, entgiftet, stimuliert das Immunsystem.

Anzahl Portionen: 4
Kalorien p. Portion 144
Gramm p. Portion 273,38
Kochdauer ca. 45 Min.
Allergene: NO
(Kohlehydrat:71,01% / Eiweiß & Fett:28,99%)
100g.≈ Eiweiß 5,83g. Fett:3,46g.
µg. - Ph:13,56 Na:11,59 Ka:48,35 Mg:8,52 Ca:8,91 Fe:0,27 Zn:0,02 Col.:0 Hsr.:13,4

Zutaten:
Sesamöl 1 EL / 10g. (empfehlenswert)
Zwiebel weiss 2 Stück / 120g. (ja)
Ingwer frisch 1/2 TL / 2g. (ja)
Thymian getrocknet 1/2 TL / 1g. (ja)
Cumin (Kreuzkümmel) 1/2 TL / 2g. (ja)
Linsen rot 1 Tasse / 120g. (ja)
Wakame 3 cm / 1g. (ja)
Zitrone 1/2 Stück / 20g. (ja)
Bocksdornfrüchte (Fructus Lycii) getrocknet 2 Prisen / 2g. (ja)
Zucker Ursüße (Zuckerrohr) süß 1 Prise / 1g. (wenig)
Chili (Schote oder gemahlen) 1 Prise / 0,5g. (ja)
Salz 1 Prise / 1g. (wenig)
Essig (Apfelessig) 1/2 TL / 1g. (ja)
Tomate 1 Stück / 50g. (empfehlenswert)
Mangold 200 g / 200g. (ja)
Blumenkohl (Karfiol) 200 g / 200g. (empfehlenswert)
Salz 1 Prise / 1g. (wenig)
Reis Vollkorn 1/2 Tasse / 60g. (ja)
Wasser 3 Tassen / 300g. (ja)
Salz 1 Prise / 1g. (wenig)

Kochanleitung:
Sesamöl in einem Topf erhitzen. Kleingeschnittene Zwiebeln,
geriebenen Ingwer, getrockneten Thymian und reichlich Cumin
zugeben und leicht anbraten. Geschälte rote Linsen, einen Streifen
Wakame, etwas Zitronensaft, heißes Wasser und etwas getrocknete
Bocksdornfrüchte dazugeben. 20 Min. köcheln lassen, bis die Linsen
gar sind. Heißes Wasser nach Belieben nachgießen, so dass ein Brei
entsteht. Vollrohrzucker, etwas Chili und Salz zufügen und mit Essig
oder Zitronensaft abschmecken. Kleingeschnittene Tomate dazugeben
und einige Minuten durchziehen lassen. Den Blumenkohl in einem
kleinen Topf mit 1 Tasse Wasser und etwas Salz 10 Min. weich kochen.
Den Mangold in einem kleinen Topf mit 1 Tasse Wasser und Salz 3
Min. blanchieren. Reis kurz aufkochen, salzen und 10 Min. ziehen
lassen. Alles zusammen mit dem Linsengericht anrichten.

3.20 Feigen mit Mozzarella und Honig

Lindert Entzündungen, Blähungen, Schmerzen und Übelkeit,
entkrampfend und beruhigend, entgiftend, bakterizid, stillt Blutungen,
stärkt Magen und Verdauungssystem.

Anzahl Portionen: 1
Kalorien p. Portion 416
Gramm p. Portion 248,1
Kochdauer ca. 10 Min.
Allergene: GO
(Kohlehydrat:51,96% / Eiweiß & Fett:48,04%)
100g.≈ Eiweiß 13,16g. Fett:22,64g.
µg. - Ph:84,57 Na:105,05 Ka:195,66 Mg:16,03 Ca:153,33 Fe:0,55 Zn:0,52 Col.:9,27
Hsr.:6,05

Zutaten:
Feige 4 Stück / 100g. (ja)
Mozzarella 1 Stück / 50g. (ja)
Basilikum (frisch) 1/2 Bund / 50g. (ja)
Honig 2 EL / 24g. (ja)
Pfeffer gemahlen 1 Prise / 0,1g. ()
Traubenkernöl 1 EL / 12g. (ja)
Essig Aceto Balsamico weiss 1 EL / 12g. (ja)

Kochanleitung:
Frische Feigen vierteln, Büffelmozzarella in Würfel schneiden und
Basilikumblätter abzupfen. Aus hellem Balsamico-Essig, Traubenkernöl
und Honig ein Dressing anrühren und abschmecken. Am Rand
entsprechender Teller die Feigen platzieren. Die Mozzarellawürfel
verteilen und mit schwarzem Pfeffer würzen. Reichlich ganze oder grob
in Streifen geschnittene Basilikumblätter darüber verteilen und mit der
Marinade benetzen. Gewürztes Pizzabrot passt hervorragend dazu.

3.21 Fein gewürzte Zucchini mit Tomaten

Harntreibend, fördert Verdauung, hilft Fett zu verdauen, senkt
Blutdruck, löst Stagnation, antioxidativ, erwärmt den Körper von innen,
erweitert die Gefäße.

Anzahl Portionen: 4
Kalorien p. Portion 203
Gramm p. Portion 396,5
Kochdauer ca. 10 Min.
(Kohlehydrat:71,84% / Eiweiß & Fett:28,16%)
100g.≈ Eiweiß 5,39g. Fett:6,62g.
µg. - Ph:10,4 Na:0,79 Ka:35,33 Mg:6,3 Ca:5,58 Fe:0,26 Zn:0,02 Col.:0 Hsr.:5,53

Zutaten:
Olivenöl 1 EL / 20g. (ja)
Zwiebel weiss 2 Stück / 120g. (ja)
Zucchini 4 Stück / 800g. (empfehlenswert)
Oregano getrocknet 1 Prise / 1g. (ja)
Basilikum (frisch) 6-8 Blatt / 3g. (ja)
Salz 1 Prise / 1g. (wenig)
Tomate 2 Stück / 120g. (empfehlenswert)
Reis Vollkorn 1 Tasse / 120g. (ja)
Wasser 6 Tassen / 400g. (ja)
Salz 1 Prise / 1g. (wenig)

Kochanleitung:
Fein geschnittene Zwiebeln und klein geschnittene Zucchini in Olivenöl
in einer Pfanne anbraten, bis sie halb gar sind und reichlich
getrockneten Oregano dazugeben. Salzen und klein geschnittene
Tomaten einige Minuten mitdünsten, bis die Zucchini gar, aber noch
knackig sind. Mit frischem Basilikum anrichten. Variante: Über die
Tomaten etwas Schafskäse geben und mit geschlossenem Deckel zu
Ende garen. Den Reis im gesalzenen Wasser aufsetzen, aufkochen
lassen und bei kleiner Hitze ca. 15 Min. quellen lassen.

3.22 Fenchel-Reissuppe

Stärkt Magen, lindert Verstopfung, regt Nerven an, entgiftet, lindert
Entzündungen, verbessert Durchblutung.
Anzahl Portionen: 2
Kalorien p. Portion 156
Gramm p. Portion 234
Kochdauer ca. 15-20 Min.
Allergene: EG
(Kohlehydrat:88,32% / Eiweiß & Fett:11,68%)
100g.≈ Eiweiß 3,57g. Fett:6,65g.
µg. - Ph:14,68 Na:32,47 Ka:82,14 Mg:105,79 Ca:110,69 Fe:0,54 Zn:0,06 Col.:1,92
Hsr.:4,9

Zutaten:
Grundrezept für eine Reissuppe (Congee) 300 ml. / 300g. (ja)
Fenchel 1/2 Stück / 150g. (empfehlenswert)
Butter Bio 1 EL / 15g. (ja)
Sojasauce 1 Schuss / 3g. (ja)

Kochanleitung:
Fenchel in der Reissuppe (nach Grundrezept) weich kochen. Vor dem
Servieren ein Stück Butter und etwas Sojasoße zugeben.

3.23 Frühstück – eiweißarm

Regt Appetit an, entgiftet, erhöht Blutzucker, harmonisiert Herz-Rhythmus. Gut bei Erbrechen, Ernährungsstörungen, Durchfallerkrankungen und Verdauungsstörungen.

Anzahl Portionen: 1
Kalorien p. Portion 556
Gramm p. Portion 320
Kochdauer ca. 10 Min.
Allergene: GO
(Kohlehydrat:69,63% / Eiweiß & Fett:30,37%)
100g.≈ Eiweiß 4,6g. Fett:26,83g.
µg. - Ph:104,66 Na:231,31 Ka:55,47 Mg:5,94 Ca:24,28 Fe:0,28 Zn:0,23 Col.:15,01 Hsr.:48,75

Zutaten:
Brot mit Johannisbrotkernmehl 80 g. / 80g. (empfehlenswert)
Butter Bio 20 g. / 20g. (ja)
Aprikosen Marmelade 30 g. / 30g. (ja)
Frischkäse mit Kräuter 30 g. / 30g. (ja)
Kaffee 150 ml. / 150g. (ja)
Zucker (weiß, aus Rüben) 10 g. / 10g. (wenig)

Kochanleitung:
Kaffee je nach Geschmack zubereiten, Frischkäse - wenn möglich - mit frischen Kräutern selbst zubereiten.

3.24 Frühstück - Reis mit Früchten

Gut bei Durchblutungsstörungen, Thrombose, Emboliegefahr, Bluthochdruck, Kopfschmerzen, nach Herzinfarkt und Schlaganfall zu empfehlen, befeuchtet Darm, fördert Blutaufbau, fördert Verdauung, lindert Entzündungen.

Anzahl Portionen: 3
Kalorien p. Portion 230
Gramm p. Portion 282
Kochdauer ca. 10 min. - 3 Stunden
Allergene: GHO
(Kohlehydrat:90% / Eiweiß & Fett:10%)
100g.≈ Eiweiß 3,59g. Fett:7,61g.
µg. - Ph:3,19 Na:0,7 Ka:8,57 Mg:20,72 Ca:21,22 Fe:0,05 Zn:0,02 Col.:0,54 Hsr.:0,92

Zutaten:
Grundrezept für eine Reissuppe (Congee) 6 Tassen / 500g. (ja)
Kuhmilch (Vollmilch 3,5 % Fett) 1/2 bis 1 Tasse / 80g. (ja)
Honig 1 EL / 10g. (ja)
Butter Bio 1 EL / 15g. (ja)

Datteln getrocknet 1 EL / 15g. (ja)
Feige 1 EL / 15g. (ja)
Apfel (sauer) 1 Stück / 200g. (empfehlenswert)
Haselnüsse 1/2 EL / 5g. (ja)
Mandeln 1/2 EL / 5g. (ja)
Zimtpulver 1 Prise / 1g. (ja)

Kochanleitung:
Reis-Congee nach Grundrezept kochen oder vorgekocht verwenden.
Mit der Milch flüssiger machen und mit Honig süßen. Früchte und
Nüsse in Butter anbraten und mit der fertigen Reissuppe vermischen.
Datteln, Feigen und den Apfel kleingeschnitten zufügen.

3.25 Gekochter Selleriesalat mit exotischen Gewürzen

Stärkt Magen, bindet Wasser im Darm, antibakteriell, blutbildend,
blutreinigend, entzündungshemmend, harntreibend, fördert
Durchblutung.
Anzahl Portionen: 4
Kalorien p. Portion 165
Gramm p. Portion   341,12
Kochdauer ca.   30 Min.
Allergene: GLMNO
(Kohlehydrat:47,77% / Eiweiß & Fett:52,23%)
100g.≈ Eiweiß 5,56g. Fett:9,14g.
µg. - Ph:13,51 Na:24,66 Ka:69,44 Mg:3,02 Ca:20,16 Fe:0,1 Zn:0,01 Col.:0,2 Hsr.:12,08

Zutaten:
Sellerie Knolle 1 1/2 Stück / 900g. (empfehlenswert)
Joghurt (natur, 3,5 % Fett) 1 Becher / 250g. (ja)
Sauerrahm 15% Fett 2 EL / 20g. (ja)
Kurkuma (Gelbwurz) 1 Prise / 1g. (ja)
Sesamöl 1 EL / 20g. (empfehlenswert)
Pfeffer gemahlen 1 Prise / 0,5g. ()
Zitronengras 1 Prise / 1g. (ja)
Zwiebel weiss 1/2 Stück / 25g. (ja)
Senf 1/2 TL / 1g. (ja)
Schwarzkümmel 1 Prise / 1g. (ja)
Salz 1 Prise / 1g. (wenig)
Zitrone Saft 1 Stück / 40g. (ja)
Apfel (sauer) 1/2 Stück / 100g. (empfehlenswert)
Paprika (Rosenpaprikapulver) 1 Prise / 1g. (ja)
Essig (Apfelessig) 1 Schuss / 3g. (ja)

Kochanleitung:
Den Sellerie waschen, schälen und in dicke Scheiben schneiden. In heißem Wasser gar kochen und in längliche, mundgerechte Streifen schneiden. Dressing: Etwas Joghurt, Sauerrahm, Kurkuma, Sesamöl, Pfeffer, Zitronengraspulver, fein geschnittene Zwiebel, etwas Senf, Salz, zerstoßenen Schwarzkümmel, etwas kaltes Wasser, Zitronensaft oder Essig gut vermengen. Den halben säuerlichen Apfel kleingeschnitten, etwas Rosenpaprika und den lauwarmen Sellerie dazugeben und gut vermischen. 2-3 Std. oder über Nacht ziehen lassen. Ideal als Ersatz für Rohkost, auf die man wegen Verdauungsschwäche verzichten möchte.

3.26 Gemüse-Miso-Suppe mit Tofu

Sehr kräftigend, stärkt nach fiebriger Erkrankung, senkt Blutdruck, stärkt Immunsystem, beugt Krebs vor, reduziert Strahlenverletzungen, fördert Durchblutung, stärkt Magen, Leber und Nieren, entgiftet, stärkt Muskeln, lindert Blähungen.

Anzahl Portionen: 4
Kalorien p. Portion 107
Gramm p. Portion 247,75
Kochdauer ca. 15 Min.
Allergene: EN
(Kohlehydrat:22,33% / Eiweiß & Fett:77,67%)
100g.≈ Eiweiß 1,86g. Fett:9,4g.
µg. - Ph:3,93 Na:13,88 Ka:10,98 Mg:1,98 Ca:4,08 Fe:0,07 Zn:0,01 Col.:0 Hsr.:1,45

Zutaten:
Sesamöl 2 EL / 35g. (empfehlenswert)
Zwiebel Schalotte 1 Stück / 20g. (ja)
Karotte (Mohrrübe, Möhre) 1 Stück / 70g. (empfehlenswert)
Lauch (Porree) 5 cm / 10g. (ja)
Wasser 3/4 Liter / 750g. (ja)
Endiviensalat 2 EL / 30g. (ja)
Soja Tofu 2 EL / 30g. (ja)
Ingwer frisch 1/2 TL / 1g. (ja)
Miso 2 EL / 15g. (ja)

Kochanleitung:
In Sesamöl erst Zwiebeln, dann Karotten sowie den Lauch anbraten und mit Wasser aufgießen und leise köcheln lassen. Sojasprossen und Endivienblätter zugeben und ziehen lassen. Tofuwürfel und etwas Ingwer zugeben und zum Schluss in etwas abgekühltem Kochwasser gelöstes Miso einrühren.

3.27 Getreidekaffee mit Kardamom

Harntreibend, stärkt Magen, befeuchtet Darm, befeuchtet die Haut, entspannt, vermindert Fettgewebe.

Anzahl Portionen: 1
Kalorien p. Portion 4
Gramm p. Portion 136
Kochdauer ca. 5 Min.
(Kohlehydrat:98,58% / Eiweiß & Fett:1,42%)
100g.≈ Eiweiß 0,12g. Fett:0,08g.
µg. - Ph:1,29 Na:1,02 Ka:7,9 Mg:2,49 Ca:5,37 Fe:0,08 Zn:0,09 Col.:0 Hsr.:0

Zutaten:
Getreidekaffee 1 EL / 15g. (ja)
Kardamom 2 Kerne / 1g. (ja)
Wasser 1 Tasse / 120g. (ja)

Kochanleitung:
Wasser, Kaffee, Zucker und Kardamom aufkochen und setzen lassen.

3.28 Grapefruitsaft

Fördert Verdauung, senkt Blutzucker, trocknet aus, liefert Vitamin C.

Anzahl Portionen: 1
Kalorien p. Portion 108
Gramm p. Portion 250
Kochdauer ca. 5 Min.
(Kohlehydrat:92,45% / Eiweiß & Fett:7,55%)
100g.≈ Eiweiß 1,5g. Fett:0,5g.
µg. - Ph:17 Na:2 Ka:180 Mg:10 Ca:18 Fe:0,3 Zn:0,2 Col.:0 Hsr.:15

Zutaten:
Grapefruit/Pampelmuse/Pomelo 1 Glas / 250g. (ja)

Kochanleitung:
Frische Grapefruit entsaften oder Biosaft verwenden.

3.29 Grundrezept für eine Fischbrühe

Kräftigt Nieren, harntreibend, senkt Blutdruck, bakterizid, stärkt Immunsystem, beugt Krebs vor, reduziert Strahlenverletzungen, fördert Durchblutung, ist cholesterinarm, eiweißreich und regt Appetit an.

Anzahl Portionen: 5
Kalorien p. Portion 128
Gramm p. Portion 243,8
Kochdauer ca. 40 min.
Allergene: DLO
(Kohlehydrat:33,81% / Eiweiß & Fett:66,19%)
100g.≈ Eiweiß 9,81g. Fett:5,2g.
µg. - Ph:14,91 Na:7,09 Ka:31,5 Mg:2,39 Ca:4,63 Fe:0,11 Zn:0,02 Col.:0,01 Hsr.:11,94

Zutaten:
Fischstücke gemischt (Süßwasser) 300 g. / 300g. (empfehlenswert)
Sellerie Knolle 120 g. / 120g. (empfehlenswert)
Lauch (Porree) 5 cm / 10g. (ja)
Karotte (Mohrrübe, Möhre) 2 Stück / 150g. (empfehlenswert)
Weißwein 1/8 Liter / 125g. (wenig)
Zitrone 1/2 Stück / 50g. (ja)
Lorbeerblatt 2 Blätter / 2g. (ja)
Pfeffer Körner 3 Stück / 2g. (ja)
Olivenöl 1 EL / 10g. (ja)
Wasser 1/2 Liter / 450g. (ja)

Kochanleitung:
Kleingeschnittenen Sellerie, Karotten und Lauch in Olivenöl andünsten, Lorbeerblatt und Pfefferkörner zugeben, Fischstücke zufügen und kurz mitdünsten. Mit Wasser ablöschen, wenig Weißwein oder Zitrone zugeben und 30 Min. leise köcheln lassen. Mehrmals den entstehenden Schaum abschöpfen. Am Ende die Zutaten durch ein Sieb abseihen.

3.30 Grundrezept für eine Hühnerbrühe (wärmend)

Stärkt Blut, baut Milz und Magen auf, stärkt Knochenmark, senkt Blutdruck, bakterizid, stärkt Immunsystem, beugt Krebs vor, reduziert Strahlenverletzungen, fördert Schwitzen, löst Stagnation. Gut bei Appetitlosigkeit und Blähungen.

Anzahl Portionen: 9
Kalorien p. Portion 90
Gramm p. Portion 244,89
Kochdauer ca. 2-3 Stunden
Allergene: L
(Kohlehydrat:10,44% / Eiweiß & Fett:89,56%)
100g.≈ Eiweiß 15,69g. Fett:11,57g.
µg. - Ph:7,72 Na:5,27 Ka:16,86 Mg:1,2 Ca:3,41 Fe:0,1 Zn:0 Col.:0,25 Hsr.:8,27

Zutaten:
Huhn Fleisch 1/2 Stück / 600g. (ja)
Karotte (Mohrrübe, Möhre) 2 Stück / 150g. (empfehlenswert)
Lauch (Porree) 1 Stange / 45g. (ja)
Sellerie Knolle 1 Stück / 500g. (empfehlenswert)
Ingwer frisch 2 Scheiben / 2g. (ja)
Bockshornklee 1 TL / 2g. (ja)
Wacholderbeere 1 TL / 3g. (empfehlenswert)
Lorbeerblatt 3 Stück / 2g. (ja)
Wasser 1 Liter / 900g. (ja)

Kochanleitung:
Hühnerteile von Fett befreien, in einen Topf mit heißem Wasser geben, kurz aufkochen lassen und entstehenden Schaum abschöpfen. Grob geschnittenes Gemüse und alle Gewürze zugeben und 2-3 Std. bei mittlerer Hitze kochen, dann alles abseihen. Tipp: Wenn Sie das Fleisch als Suppeneinlage verwenden möchten, bereits nach 45 Min. herausnehmen und nur die Knochen in der Suppe lassen.

3.31 Grundrezept für eine nahrhafte Gemüsebrühe

Senkt Blutdruck und Blutfett, bakterizid, stärkt Immunsystem, beugt Krebs vor, stärkt Magen, löst Stagnation, fördert Gewichtsabnahme, hilft bei Appetitlosigkeit, Blähungen, Bluthochdruck, Depressionen, Diabetes, Durchfall.
Anzahl Portionen: 5
Kalorien p. Portion 48
Gramm p. Portion 240,6
Kochdauer ca. 2-3 Stunden
Allergene: L
(Kohlehydrat:71,3% / Eiweiß & Fett:28,7%)
100g.≈ Eiweiß 1,57g. Fett:1,31g.
µg. - Ph:4,86 Na:3,67 Ka:25,68 Mg:1,8 Ca:6,32 Fe:0,1 Zn:0,01 Col.:0 Hsr.:2,78

Zutaten:
Olivenöl 1 EL / 4g. (ja)
Zwiebel weiss 1 Stück / 60g. (ja)
Karotte (Mohrrübe, Möhre) 3 Stück / 200g. (empfehlenswert)
Pastinake 150 g. / 150g. (ja)
Sellerie Knolle 1 Tasse / 100g. (empfehlenswert)
Ingwer frisch 1/2 TL / 2g. (ja)
Zitrone 1/2 Stück / 25g. (ja)
Wacholderbeere 6 Stück / 6g. (empfehlenswert)
Thymian getrocknet 1 Prise / 1g. (ja)

Liebstöckel 1 EL / 3g. (ja)
Lorbeerblatt 2 Blätter / 1g. (ja)
Salz 1 Prise / 1g. (wenig)
Wasser 3/4 Liter / 650g. (ja)

Kochanleitung:
Gemüse würfelig schneiden. Öl in einem Topf erhitzen, die Zwiebel und
das Gemüse darin anbraten, Ingwer und Lorbeer zugeben. Mit kaltem
Wasser aufgießen, Zitronensaft zufügen und mit Wacholder, Thymian
und Liebstöckel würzen. 2-3 Std. auf kleiner Stufe zugedeckt köcheln
lassen. Brühe durch ein Sieb streichen und im Kühlschrank
aufbewahren. Sie dient als Suppengrundlage und verfeinert Gemüse,
Hülsenfrüchte oder Getreide.

3.32 Grundrezept für eine Reissuppe (Congee)

Niedriger Fettgehalt, zur Entwässerung des Körpers bei Übergewicht
und Bluthochdruck.
Anzahl Portionen: 3
Kalorien p. Portion 140
Gramm p. Portion   273,33
Kochdauer ca.   2-4 Stunden
(Kohlehydrat:89,71% / Eiweiß & Fett:10,29%)
100g.≈ Eiweiß 2,96g. Fett:0,48g.
µg. - Ph:5,85 Na:0,58 Ka:5,02 Mg:3,41 Ca:1,72 Fe:0,03 Zn:0,02 Col.:0 Hsr.:6,34

Zutaten:
Reis Sorte beliebig 1 Tasse / 120g. (ja)
Wasser 6 Tassen / 700g. (ja)

Kochanleitung:
Man kocht Reis und Wasser in einem Verhältnis von etwa 1:6. Die
Menge des Wassers bestimmt die Dicke des Breis (reine
Geschmackssache). Der Reis quillt unwahrscheinlich auf, nehmen Sie
also nicht viel. Geben Sie den Reis in einen Topf mit einem schweren
Deckel. Wichtig ist, den Reis nach kurzem Aufkochen nur auf kleinster
Stufe köcheln zu lassen, da er sonst anbrennt. Kochen Sie den Reis 2-
4 Stunden. Je länger er kocht, desto stärkender wirkt er. Wenn Sie das
Gericht zum Frühstück essen möchten, können Sie den Reis auch kurz
vor dem Zubettgehen aufsetzen. Sicherheitshalber sollten Sie vorher
einmal unter Beobachtung für eine ähnlich lange Zeit das Verhalten
Ihres Topfes und Herdes prüfen, damit nichts anbrennt.

3.33 Grundrezept für eine Rinderbrühe (klar)

Stärkt Muskeln, Sehnen und Knochen, senkt Blutdruck, bakterizid, stärkt Immunsystem, beugt Krebs vor, reduziert Strahlenverletzungen, regt Verdauung an, reduziert Schmerzen, fördert Verdauung. Harntreibend, stillt Blutung. Rosmarin fördert Verdauung.

Anzahl Portionen: 10
Kalorien p. Portion 114
Gramm p. Portion 276
Kochdauer ca. 4-8 Stunden
Allergene: O
(Kohlehydrat:22,24% / Eiweiß & Fett:77,76%)
100g.≈ Eiweiß 12,22g. Fett:4,1g.
µg. - Ph:5,14 Na:3,08 Ka:13,39 Mg:1,06 Ca:2,52 Fe:0,09 Zn:0,01 Col.:0,14 Hsr.:3,57

Zutaten:
Rind Suppenfleisch 500 g. / 500g. (ja)
Rind Fleischknochen 200 g. / 200g. (ja)
Essig (Rotweinessig) 1 Schuss / 3g. (ja)
Wacholderbeere 8 Stück / 6g. (empfehlenswert)
Rosmarin 1 Prise / 1g. (ja)
Karotte (Mohrrübe, Möhre) 3 Stück / 210g. (empfehlenswert)
Pastinake 2 Stück / 300g. (ja)
Lauch (Porree) 1 Stück / 200g. (ja)
Ingwer frisch 1/2 TL / 5g. (ja)
Liebstöckel 1 Stiel / 15g. (ja)
Nelke 2 Stück / 2g. (ja)
Piment 6 Stück / 12g. (ja)
Anis (gemeiner Fenchel) 2 Stück / 1g. (ja)
Salz 1 TL / 5g. (wenig)
Wasser 1 1/2 Liter / 1300g. (ja)

Kochanleitung:
Rotweinessig, Wacholderbeeren, Rosmarin, Knochen und Fleisch in Wasser zum Kochen bringen. Karotten, Pastinaken, Lauch, Ingwer, Liebstöckelgrün, Nelken, Piment, Sternanis und etwas Salz zufügen und alles 4-8 Std. köcheln und dann abseihen. Brühe im Kühlschrank aufbewahren.

3.34 Gurkensuppe

Kühlt und befeuchtet, harntreibend, entgiftend, unterdrückt Umwandlung von Zucker in Fett, senkt Cholesterinspiegel, beugt Krebs vor, fördert Verdauung, schweißtreibend, reduziert Wind, gegen Hefepilzinfektionen.

Anzahl Portionen: 4
Kalorien p. Portion 96
Gramm p. Portion 235,38
Kochdauer ca. 20 min.
Allergene: M
(Kohlehydrat:22,18% / Eiweiß & Fett:77,82%)
100g.≈ Eiweiß 0,92g. Fett:9,03g.
µg. - Ph:2,67 Na:1,28 Ka:15,59 Mg:1,17 Ca:2,57 Fe:0,06 Zn:0,01 Col.:0 Hsr.:0,85

Zutaten:
Olivenöl 2 EL / 35g. (ja)
Gurke 2 Stück / 400g. (empfehlenswert)
Wasser 1/2 Liter / 500g. (ja)
Salbei 3 Blätter / 3g. (ja)
Senf 1/2 TL / 0,5g. (ja)
Koriander 1 Prise / 1g. (ja)
Kardamom 1 Prise / 1g. (ja)
Salz 1 Prise / 1g. (wenig)

Kochanleitung:
Öl erhitzen und die klein geschnittenen Gurken kurz darin anbraten.
Senfkörner, Koriander, Kardamom und Salz dazugeben
und kurz mitbraten. Mit dem Wasser übergießen und 10-15 Min.
köcheln lassen. Pürieren und mit frisch gehacktem Salbei garnieren.

3.35 Heidelbeermus

Heidelbeeren wirken abführend, Nelken lösen Stagnation, Zimtpulver erwärmt Magen und Milz. Baut Blut auf, fördert Durchblutung und Leitbahnfluss.

Anzahl Portionen: 1
Kalorien p. Portion 11
Gramm p. Portion 271,1
Kochdauer ca. 10 Min.
(Kohlehydrat:78,35% / Eiweiß & Fett:21,65%)
100g.≈ Eiweiß 0,2g. Fett:0,32g.
µg. - Ph:0,98 Na:1,01 Ka:5,56 Mg:1,09 Ca:6 Fe:0,06 Zn:0,1 Col.:0 Hsr.:1,48

Zutaten:
Heidelbeere 20 g. / 20g. (ja)
Zimtpulver 1 Prise / 0,1g. (ja)
Nelke 1 Stück / 1g. (ja)
Wasser 1/4 Liter / 250g. (ja)

Kochanleitung:
Heidelbeeren mit Zimt und Nelke im Wasser 10 Min. kochen. Zimt und Nelke entfernen, pürieren und nach Wunsch süßen.

3.36 Hühnersuppe mit Eigelb und Petersilie

Stärkt Blut, Knochenmark, Immunsystem und Sehkraft, baut Milz und Magen auf, senkt Blutdruck, bakterizid, harmonisiert Leber und Milz, entgiftet. Petersilie regt Leberfunktion an.
Anzahl Portionen: 2
Kalorien p. Portion 118
Gramm p. Portion 260
Kochdauer ca. 10 Min.
Allergene: CL
(Kohlehydrat:82,37% / Eiweiß & Fett:17,63%)
100g.≈ Eiweiß 16,35g. Fett:2,49g.
µg. - Ph:13,95 Na:17,66 Ka:18 Mg:49,59 Ca:138,8 Fe:0,55 Zn:0,05 Col.:6,53 Hsr.:4,43

Zutaten:
Grundrezept für eine Hühnerbrühe wärmend 1/2 Liter / 500g. (ja)
Huhn Eigelb 1 Stück / 10g. (wenig)
Petersilie 1 EL / 10g. (ja)

Kochanleitung:
Brühe erhitzen und das Eigelb darin verquirlen. Die gehackte Petersilie drüberstreuen und ca. 2 Min. ziehen lassen und dann in kleinen Schlucken trinken.

3.37 Hüttenkäse mit gedünstetem Obst

Gut bei Appetitlosigkeit, Schluckstörungen, schwacher Verdauung, harntreibend.
Anzahl Portionen: 2
Kalorien p. Portion 215
Gramm p. Portion 250
Kochdauer ca. 20 Min.
Allergene: G
(Kohlehydrat:40,48% / Eiweiß & Fett:59,52%)
100g.≈ Eiweiß 18,45g. Fett:6,4g.
µg. - Ph:44,6 Na:114,5 Ka:50,9 Mg:3,7 Ca:25,6 Fe:0,11 Zn:0,09 Col.:0,64 Hsr.:3

Zutaten:
Hüttenkäse 300 g. / 300g. (ja)
Apfel (sauer) 1 Stück / 100g. (empfehlenswert)
Birne 1 Stück / 100g. (empfehlenswert)

Kochanleitung:
Äpfel und Birnen gut waschen, mit Schale klein schneiden und in einem
Topf mit Dämpfsieb bissfest garen. Herausnehmen und auskühlen
lassen. Hüttenkäse anrichten und Obst darauf verteilen.

3.38 Joghurt mit Honig und Nüssen

Lindert Schmerzen, entgiftet, bakterizid, fördert Wundheilung. Gut bei
akuter oder chronischer Verstopfung des Darmes. Löst Steine.
Anzahl Portionen: 1
Kalorien p. Portion 258
Gramm p. Portion 167
Kochdauer ca. 5 Min.
Allergene: GH
(Kohlehydrat:61% / Eiweiß & Fett:39%)
100g.≈ Eiweiß 6,79g. Fett:12,43g.
µg. - Ph:107,54 Na:38,83 Ka:167,29 Mg:19,4 Ca:104,46 Fe:0,49 Zn:0,54 Col.:10,48
Hsr.:2,16

Zutaten:
Joghurt (natur, 3,5 % Fett) 125 g. / 125g. (ja)
Honig 2 EL / 30g. (ja)
Walnüsse 1 EL / 12g. (empfehlenswert)

Kochanleitung:
Joghurt mit Honig und feingehackten Nüssen mischen.

3.39 Kalte Kirschsuppe mit Quarkklößchen

Fördert die Durchblutung, lindert Entzündungen, abführend, stärkende
Wirkung auf die Verdauung, reinigt und beruhigt den Darm. Gut bei
Körperschwäche, Magendruck, Aufstoßen, Diabetes, akute oder
chronische Verstopfung.
Anzahl Portionen: 2
Kalorien p. Portion 320
Gramm p. Portion 314,5
Kochdauer ca. 2 Stunden
Allergene: GO
(Kohlehydrat:69,75% / Eiweiß & Fett:30,25%)
100g.≈ Eiweiß 7,98g. Fett:15,19g.
µg. - Ph:24,08 Na:6,18 Ka:60,77 Mg:5,2 Ca:21,84 Fe:0,17 Zn:0,05 Col.:1,47 Hsr.:4,76

Zutaten:
Kirschenkompott 450 g. / 450g. (ja)
Agar-Agar, Agartang 1/2 TL / 1,5g. (ja)
Topfen (Quark) 20% 100 g. / 100g. (empfehlenswert)
Sauerrahm 15% Fett 50 g. / 50g. (ja)
Vanillezucker natur 1 Paket / 1g. (ja)
Zucker braun 1 EL / 10g. (wenig)
Zimtpulver 1 Prise / 0,5g. (ja)
Zitrone Schale 1 Prise / 1g. (ja)
Wasser 2 EL / 15g. (ja)

Kochanleitung:
Kirschkompott abseihen. Die Hälfte der Kirschen und den Kirschsaft mit
dem Mixer fein pürieren und durch ein Sieb streichen. Das Agar-Agar-
Pulver mit 2 EL kalten Wasser glatt rühren und das Kirschpüree unter
Rühren zum Kochen bringen. Agar-Agar-Lösung untermischen und das
Kirschpüree 1 Min. unter Rühren leicht kochen lassen. Heißes
Kirschpüree auf zwei Suppenteller verteilen und die restlichen Kirschen
in die Suppe geben. Kirschsuppe 2 Std. kalt stellen, bis sie leicht geliert.
Mit dem Handmixer Quark, Sauerrahm, Zucker, Vanillezucker, Zimt und
Zitronenschale zu einer glatten, festen Creme rühren. Aus der Creme
mit dem Esslöffel kleine Klößchen stechen und in die Kirschsuppe
setzen.

3.40 Karotten-Risotto

Stärkt Immunsystem, beugt Krebs vor, löst Stagnation, regt
Leberfunktion an. Gut bei Appetitlosigkeit, Blähungen, Bluthochdruck,
Depressionen, Diabetes, Durchfall.
Anzahl Portionen: 2
Kalorien p. Portion 308
Gramm p. Portion 340,8
Kochdauer ca. 45 Min.
Allergene: GL
(Kohlehydrat:83,67% / Eiweiß & Fett:16,33%)
100g.≈ Eiweiß 8,5g. Fett:5,99g.
µg. - Ph:27,11 Na:19,13 Ka:58,22 Mg:32,31 Ca:116,16 Fe:0,67 Zn:0,11 Col.:0,3
Hsr.:14,66

Zutaten:
Olivenöl 1/2 EL / 5g. (ja)
Zwiebel Frühlingszwiebel 2 EL / 7g. (ja)
Muskatnuss 1 Prise / 0,3g. (ja)
Petersilie 1/2 Bund / 25g. (ja)
Reis Sorte beliebig 100 g. / 100g. (ja)

Karotte (Mohrrübe, Möhre) 250 g. / 250g. (empfehlenswert)
Grundrezept für eine Gemüsebrühe nahrhaft 300 ml. / 280g. (ja)
Fenchelsamen gemahlen 1/4 TL / 1g. (ja)
Basilikum (frisch) 1/2 TL / 2g. (ja)
Salz 1 Prise / 1g. (wenig)
Pfeffer gemahlen 1 Prise / 0,3g. ()
Parmesan 1 EL / 10g. (ja)

Kochanleitung:
In einer flachen Pfanne das Öl erhitzen, die Zwiebeln darin glasig und
sehr weich dünsten. Petersilie zugeben und kurz andünsten. Reis,
Karotten und Muskat zufügen und unter Rühren kurz andünsten. Mit der
Gemüsebrühe aufgießen, mit Fenchel und Basilikum würzen, alles zum
Kochen bringen und ca. 20 Min. kochen, bis Reis und Karotten gut
durch sind. Dabei ab und zu umrühren und bei Bedarf etwas
Gemüsebrühe nachgießen. Das Risotto soll leicht suppig sein. Kurz vor
Ende der Garzeit den Weißwein untermischen und das Risotto noch
kurz aufköcheln lassen, dann vom Herd nehmen und Parmesan
untermischen.

3.41 Kartoffel-Basilikumsuppe

Lindert Entzündungen, fördert Verdauung, harntreibend, senkt
Cholesterinspiegel und Blutdruck, bakterizid, stärkt Immunsystem,
beugt Krebs vor, reduziert Strahlenverletzungen, antioxidativ, löst
Stagnation.

Anzahl Portionen: 4
Kalorien p. Portion   96
Gramm p. Portion   330,12
Kochdauer ca.   25 min.
Allergene: L
(Kohlehydrat:68,68% / Eiweiß & Fett:31,32%)
100g.≈ Eiweiß 3,24g. Fett:2,99g.
µg. - Ph:7,65 Na:13,39 Ka:52,12 Mg:2,43 Ca:11,65 Fe:0,11 Zn:0,01 Col.:0 Hsr.:7,59

Zutaten:
Wasser 500 ml / 450g. (ja)
Kartoffel 4 Stück / 200g. (ja)
Karotte (Mohrrübe, Möhre) 2 Stück / 100g. (empfehlenswert)
Sellerie Knolle 1 Stück / 500g. (empfehlenswert)
Pfeffer gemahlen 1 Prise / 0,5g. ()
Kümmel 1 Prise / 1g. (ja)
Knoblauch 1 Zehe / 3g. (ja)
Salz 1 Prise / 1g. (wenig)
Zitrone 1 TL / 3g. (ja)

Basilikum (frisch) 1 Bund / 50g. (ja)
Paprika (Rosenpaprikapulver) 1 Prise / 1g. (ja)
Zucker Ursüße (Zuckerrohr) süß 1 Prise / 1g. (wenig)
Olivenöl 1 EL / 10g. (ja)

Kochanleitung:
4 mittelgroße Kartoffeln, 2 mittelgroße Karotten und 1 Stück
Knollensellerie geschält und kleingeschnitten in heißes Wasser geben
und zusammen mit einer Prise Pfeffer und Salz, einer Prise
gemahlenem Kümmel, einer kleinen zerdrückten Knoblauchzehe und 1
TL Zitronensaft köcheln, bis das Gemüse weich ist. Von 1 Bund
Basilikum (fein gehackt) eine Hälfte in die Suppe geben und alles
pürieren. Die andere Hälfte anschließend unterrühren und mit
Rosenpaprika, einer Prise Vollrohrzucker, 1 EL Olivenöl oder Butter,
frisch gemahlenem Pfeffer und Salz abschmecken.

3.42 Kartoffelcreme mit Kräuter-Frischkäse

Gut bei Appetitlosigkeit, Schluckstörungen, Verstopfung, Blähungen
und Übelkeit. Verbessert Verdauung, harntreibend, beugt Krebs vor,
stärkt Magensaftproduktion, löst Stagnation, entkrampft und beruhigt.
Anzahl Portionen: 2
Kalorien p. Portion 217
Gramm p. Portion 218,5
Kochdauer ca. 25 Min.
Allergene: G
(Kohlehydrat:14% / Eiweiß & Fett:86%)
100g.≈ Eiweiß 8,76g. Fett:11,22g.
µg. - Ph:18,66 Na:18,04 Ka:73,64 Mg:4,87 Ca:13,9 Fe:0,13 Zn:0,09 Col.:4,84 Hsr.:2,24

Zutaten:
Kartoffel (mehlige) 250 g. / 250g. (ja)
Frischkäse 80 g. / 80g. (ja)
Joghurt (natur, 1,5 % Fett) 3 EL / 45g. (empfehlenswert)
Lauchzwiebel Schnittlauch 1/2 Bund / 50g. (ja)
Basilikum (frisch) 1 TL / 4g. (ja)
Petersilie 1 TL / 4g. (ja)
Dill 1/2 TL / 2g. (ja)
Salz 1 Prise / 1g. (wenig)
Schwarzkümmel 1 Prise / 0,5g. (ja)
Pfeffer gemahlen 1 Prise / 0,5g. ()

Kochanleitung:
Kartoffeln in der Schale weich kochen, abziehen und durch die
Kartoffelpresse drücken. Frischkäse, Joghurt und Kräuter unter die
Kartoffeln mischen und mit Salz, zerstoßenem Schwarzkümmel und
Pfeffer abschmecken.

3.43 Kartoffeln mit Bärlauch-Quark

Verbessert Verdauung, regeneriert Haut, harntreibend, senkt
Cholesterinspiegel, verbessert die Fließeigenschaften des Blutes. Hilft
bei Magendruck, Aufstoßen, Diabetes, akuter oder chronischer
Verstopfung des Darmes.
Anzahl Portionen: 2
Kalorien p. Portion 254
Gramm p. Portion   300,55
Kochdauer ca.   20 Min.
Allergene: G
(Kohlehydrat:39,12% / Eiweiß & Fett:60,88%)
100g.≈ Eiweiß 17,32g. Fett:25,36g.
µg. - Ph:51,99 Na:11,2 Ka:120,4 Mg:8,19 Ca:31,89 Fe:0,2 Zn:0,1 Col.:1,71 Hsr.:4,02

Zutaten:
Kartoffel 300 g. / 300g. (ja)
Salz 1 Prise / 0,1g. (wenig)
Bärlauch (Knoblauchspinat) 2 Handvoll / 30g. (ja)
Topfen (Quark) 20% 250 g. / 250g. (empfehlenswert)
Joghurt (natur, 1,5 % Fett) 2 EL / 20g. (empfehlenswert)
Salz 1 Prise / 1g. (wenig)

Kochanleitung:
Kartoffeln in Salzwasser kochen und schälen. Die Bärlauchblätter
werden gewaschen, vorsichtig abgetrocknet und in feine Streifen
geschnitten. Quark, Joghurt und Salz verrühren und zuletzt den
Bärlauch untermischen. Zu den Kartoffeln servieren. In der Jahreszeit,
in der kein Bärlauch wächst, kann das Bärlauch-Pesto verwendet
werden.

3.44 Kartoffeln mit Quark-Soße

Verbessert Verdauung, harntreibend, senkt Cholesterinspiegel. Gut bei Körperschwäche, Magendruck, Aufstoßen, gegen Blähungen, krampflösend bei Magen-Darm-Beschwerden.

Anzahl Portionen: 6
Kalorien p. Portion 413
Gramm p. Portion 323,33
Kochdauer ca. 45 Min.
Allergene: G
(Kohlehydrat:38% / Eiweiß & Fett:62%)
100g.≈ Eiweiß 18,46g. Fett:35,24g.
µg. - Ph:3,26 Na:1,14 Ka:7,47 Mg:0,69 Ca:2,52 Fe:0,01 Zn:0,02 Col.:0,18 Hsr.:0,32

Zutaten:
Kartoffel 1 Kg / 1000g. (ja)
Topfen (Quark) 20% 500 g. / 500g. (empfehlenswert)
Sahne, süß 30% 200 g / 200g. (wenig)
Edamer 80 g. / 80g. (ja)
Dill 1 Bund / 100g. (ja)
Maiskeimöl 1 TL / 3g. (empfehlenswert)
Pfeffer gemahlen 1 Prise / 0,2g. ()
Salz 1/2 TL / 1g. (wenig)
Sonnenblumenkerne 40 g. / 40g. (ja)

Kochanleitung:
Die Kartoffeln waschen und in reichlich Wasser ca. 20 Min. garen. Den Quark mit der Sahne und dem Käse cremig rühren. Die Sprossen waschen und fein hacken. Mit dem gehackten Dill unterrühren (für das Baby 150 g Quark mit dem Öl verrühren). Den Rest mit Pfeffer, Salz und den Sonnenblumenkernen verrühren. Die Kartoffeln schälen, (für das Baby 200 g) und mit dem Quark anrichten.

3.45 Kohlrabi in Kerbelsoße mit Kartoffeln

Lindert Entzündungen, senkt Cholesterinspiegel, harntreibend, leitet Darmwinde ab, stärkt Immunsystem, beugt Krebs vor, fördert Gewichtsabnahme. Gut bei Appetitlosigkeit, Blähungen, Bluthochdruck, Depressionen, Diabetes, Durchfall.

Anzahl Portionen: 4
Kalorien p. Portion 188
Gramm p. Portion 316,85
Kochdauer ca. 1 Stunde
Allergene: GL
(Kohlehydrat:79,34% / Eiweiß & Fett:20,66%)
100g.≈ Eiweiß 8,67g. Fett:2,51g.
µg. - Ph:11,79 Na:4,12 Ka:100,2 Mg:13,9 Ca:60,61 Fe:0,16 Zn:0,02 Col.:0,06 Hsr.:3,63

Zutaten:
Kartoffel 6 Stück / 450g. (ja)
Grundrezept für eine Gemüsebrühe nahrhaft 300 ml. / 300g. (ja)
Kartoffel 100 g. / 100g. (ja)
Muskatnuss 1 Prise / 0,2g. (ja)
Zitrone Schale 1/2 TL / 2g. (ja)
Ingwer frisch 1/2 TL / 2g. (ja)
Liebstöckel 1/2 TL / 2g. (ja)
Kohlrabi 300 g. / 300g. (empfehlenswert)
Salz 1 Prise / 1g. (wenig)
Pfeffer gemahlen 1 Prise / 0,2g. ()
Sauerrahm 15% Fett 3 EL / 30g. (ja)
Kerbel getrocknet 1 Bund / 80g. (ja)

Kochanleitung:
Die 6 Kartoffeln in Salzwasser weich kochen. Die Hälfte der
Gemüsebrühe zum Kochen bringen. 100G gewürfelte Kartoffeln,
Muskat, Zitronenschale, Ingwer und Liebstöckel dazugeben. Kartoffeln
zugedeckt ca. 10 Min. weich kochen und alles mit dem Mixstab zu einer
glatten Soße pürieren. Restliche Gemüsebrühe zum Kochen bringen.
Kohlrabi in Würfel schneiden, zufügen und zugedeckt ca. 8 Min.
kochen. Die Kartoffelsoße unterrühren und alles kurz erhitzen. Mit dem
Mixstab Kerbel und Sauerrahm fein pürieren. Die Kerbelcreme mit dem
Kohlrabigemüse vermischen und mit den gekochten und geschälten
Kartoffeln anrichten.

3.46 Kokoswasser

Hoher Anteil an Mineralstoffen und Spurenelementen fördert die
Gesundheit und das Wohlbefinden des gesamten Körpers. Fördert die
Stärkung der Abwehrkräfte und trägt zur Aktivierung des Stoffwechsels
bei.
Anzahl Portionen: 1
Kalorien p. Portion 31
Gramm p. Portion 125
Kochdauer ca. 5 Min.
(Kohlehydrat:87,5% / Eiweiß & Fett:12,5%)
100g.≈ Eiweiß 0,38g. Fett:0,5g.
µg. - Ph:30 Na:47 Ka:280 Mg:30 Ca:27 Fe:0,1 Zn:0,1 Col.:0 Hsr.:0

Zutaten:
Kokosmilch 1 Tasse / 125g. (ja)

Kochanleitung:
Kokosnuss öffnen und Wasser abseihen. Kokoswasser gibt es auch als
Fertiggetränk.

3.47 Kompott aus Äpfeln

Apfel (süß) stoppt Durchfall, fördert Verdauung, regt Appetit an,
harmonisiert Magen, erwärmt Magen und Milz, fördert Durchblutung.
Anzahl Portionen: 2
Kalorien p. Portion 67
Gramm p. Portion 220,5
Kochdauer ca. 10 Min.
(Kohlehydrat:95,64% / Eiweiß & Fett:4,36%)
100g.≈ Eiweiß 0,24g. Fett:0,46g.
µg. - Ph:2,81 Na:1,03 Ka:36,45 Mg:1,81 Ca:4,33 Fe:0,13 Zn:0,03 Col.:0 Hsr.:3,74

Zutaten:
Apfel (süß) 1 Stück / 220g. (empfehlenswert)
Wasser 2 Tassen / 220g. (ja)
Zimtpulver 1 Prise / 1g. (ja)

Kochanleitung:
Bio-Apfel mit Schalen und Kernen klein geschnitten im Wasser weich
kochen und mit Zimt bestreuen.

3.48 Kompott aus einheimischem Obst und Trockenfrüchten

Fördert Verdauung und Durchblutung, harntreibend, stoppt Durchfall,
regt Appetit an, erwärmt Magen und Milz.
Anzahl Portionen: 4
Kalorien p. Portion 45
Gramm p. Portion 200,5
Kochdauer ca. 15 Min.
(Kohlehydrat:94% / Eiweiß & Fett:6%)
100g.≈ Eiweiß 0,3g. Fett:0,3g.
µg. - Ph:0,3 Na:0,1 Ka:3,15 Mg:0,19 Ca:0,4 Fe:0,01 Zn:0,01 Col.:0 Hsr.:0,35

Zutaten:
Apfel (süß) 1 Stück / 150g. (empfehlenswert)
Birne 1 Stück / 150g. (empfehlenswert)
Zimtpulver 1 Prise / 0,2g. (ja)
Zitrone Schale 1/2 TL / 2g. (ja)
Wasser 1/2 Liter / 500g. (ja)

Kochanleitung:
Den Apfel und die Birne mit den Trockenfrüchten weich kochen und mit Zimt und Zitronenschale (bio) bestreuen.

3.49 Kompott aus Rhabarber

Fiebersenkend, schmerzlindernd, entgiftend, bakterizid.
Anzahl Portionen: 1
Kalorien p. Portion 48
Gramm p. Portion 230
Kochdauer ca. 15 Min.
(Kohlehydrat:92,32% / Eiweiß & Fett:7,68%)
100g.≈ Eiweiß 0,64g. Fett:0,1g.
µg. - Ph:11,22 Na:1,7 Ka:119,43 Mg:6,43 Ca:25,43 Fe:0,28 Zn:0,15 Col.:0 Hsr.:2,61

Zutaten:
Rhabarber 100 g. / 100g. (empfehlenswert)
Wasser 1 Tasse / 120g. (ja)
Honig 1 EL / 10g. (ja)

Kochanleitung:
Rhabarber waschen und klein schneiden. Im Wasser weich kochen, ein wenig abkühlen lassen und den Honig dazugeben.

3.50 Kürbiscurry

Fördert Verdauung, löst Stagnation, reduziert Wind, stärkt Lunge und Milz, stärkt Magen, Verdauungssystem, Muskeln und Knochen.
Anzahl Portionen: 3
Kalorien p. Portion 193
Gramm p. Portion 251
Kochdauer ca. 20 Min.
(Kohlehydrat:63% / Eiweiß & Fett:37%)
100g.≈ Eiweiß 2,72g. Fett:10,61g.
µg. - Ph:5,14 Na:0,86 Ka:16,34 Mg:2,68 Ca:2,29 Fe:0,06 Zn:0,02 Col.:0 Hsr.:1,54

Zutaten:
Kürbis 300 g. / 300g. (ja)
Olivenöl 2 EL / 30g. (ja)
Koriander 1 Prise / 1g. (ja)
Pfeffer gemahlen 1 Prise / 0,5g. ()
Curry 1 Prise / 1g. (ja)
Wasser 50 ml / 50g. (ja)
Salz 1 Prise / 1g. (wenig)
Petersilie 1 EL / 7g. (ja)
Kardamom 1 Prise / 1g. (ja)

Kurkuma (Gelbwurz) 1 Prise / 1g. (ja)
Reis Vollkorn 1/2 Tasse / 60g. (ja)
Wasser 3 Tassen / 300g. (ja)
Salz 1 Prise / 1g. (wenig)

Kochanleitung:
Olivenöl in einer Pfanne erhitzen, in Würfel geschnittenen Kürbis darin
andünsten, mit Koriander, Pfeffer und Curry würzen und mit wenig
Wasser ablöschen. Meersalz zufügen, klein geschnittene Petersilie
zugeben und mit Kardamom und Kurkuma abrunden. Auf kleinem
Feuer ca. 10 Min. je nach Kürbisart köcheln; er sollte noch bissfest sein.
Den Reis in gesalzenem Wasser aufkochen und auf kleiner Stufe ca. 15
Min. quellen lassen.

3.51 Kürbis-Joghurt-Suppe

Befeuchtet, entspannt, senkt Blutdruck, stärkt Immunsystem, fördert
Gewichtsabnahme. Gut bei Abwehrschwäche, Appetitlosigkeit,
Blähungen, Depressionen, Diabetes, Durchfall.
Anzahl Portionen: 4
Kalorien p. Portion 68
Gramm p. Portion 239
Kochdauer ca. 15 Min.
Allergene: GL
(Kohlehydrat:82,83% / Eiweiß & Fett:17,17%)
100g.≈ Eiweiß 2,37g. Fett:1,31g.
µg. - Ph:7,17 Na:3,58 Ka:26,41 Mg:11,21 Ca:43,83 Fe:0,07 Zn:0,01 Col.:0,05 Hsr.:1,4

Zutaten:
Grundrezept für eine Gemüsebrühe nahrhaft 300 ml. / 300g. (ja)
Hokkaidokürbis 500 g. / 500g. (ja)
Ingwer frisch 1/2 TL / 2g. (ja)
Fenchelsamen gemahlen 1/2 TL / 1g. (ja)
Anis (gemeiner Fenchel) 1/4 TL / 1g. (ja)
Joghurt (natur, 1,5 % Fett) 150 g. / 150g. (empfehlenswert)
Pfefferminze 2 Blätter / 1g. (ja)
Salz 1 Prise / 1g. (wenig)

Kochanleitung:
Gemüsebrühe (nach Grundrezept) zum Kochen bringen. Gewürfelten
Kürbis, kleingehackten Ingwer, zerstoßene Fenchelsamen und Anis
dazugeben und Suppe zugedeckt ca. 12 Min. köcheln lassen, bis der
Kürbis weich ist und dann vom Herd nehmen. Mit dem Mixstab die
Suppe mit dem Joghurt fein pürieren und mit feingehackter Minze
bestreut servieren.

3.52 Kürbissuppe

Fördert Verdauung, stärkt Magen und Milz, senkt Blutdruck, bakterizid, stärkt Immunsystem, beugt Krebs vor, reduziert Strahlenverletzungen, regeneriert Haut, senkt Cholesterinspiegel, senkt Blutzucker, schützt Leber.

Anzahl Portionen: 3
Kalorien p. Portion 104
Gramm p. Portion 236,33
Kochdauer ca. 1 Stunde
(Kohlehydrat:71% / Eiweiß & Fett:29%)
100g.≈ Eiweiß 2,54g. Fett:3,64g.
µg. - Ph:4,02 Na:0,96 Ka:24,72 Mg:1,82 Ca:2,89 Fe:0,08 Zn:0,02 Col.:0 Hsr.:1,08

Zutaten:

Kürbis 300 g. / 300g. (ja)
Karotte (Mohrrübe, Möhre) 2 Stück / 100g. (empfehlenswert)
Kartoffel 2 Stück / 120g. (ja)
Olivenöl 1 EL / 10g. (ja)
Zwiebel weiss 1 Stück / 50g. (ja)
Wasser 1 Tasse / 120g. (ja)
Petersilie 1 EL / 7g. (ja)
Anis (gemeiner Fenchel) 1 Prise / 1g. (ja)
Salz 1 Prise / 1g. (wenig)

Kochanleitung:

Olivenöl in einer Pfanne erhitzen. In Würfel geschnittenen Kürbis, gewürfelte Karotten und Kartoffeln dazugeben und kurz anbraten. Klein geschnittene Zwiebel zugeben, mit Wasser auffüllen (Gemüse mindestens drei fingerbreit bedecken), aufkochen und leise köcheln lassen. Mit Meersalz und einer Prise Anis würzen, klein geschnittene Petersilie dazugeben. Alles zusammen ca. 35 Min. köcheln lassen. Anschließend die Suppe pürieren und evtl. Wasser zugeben, je nach Konsistenz.

3.53 Lachs auf Tomaten-Spinat

Nährt und stärkt Blut, fördert Ausscheidung, fördert Durchblutung, stärkt Magen-Darm-Funktion, lindert Entzündungen, regeneriert Haut, harntreibend, senkt Cholesterinspiegel, fördert Schwitzen, löst Stagnation.

Anzahl Portionen: 6
Kalorien p. Portion 365
Gramm p. Portion 354,58
Kochdauer ca. 1 Stunde
Allergene: D
(Kohlehydrat:27,24% / Eiweiß & Fett:72,76%)
100g.≈ Eiweiß 29,54g. Fett:29,9g.
μg. - Ph:19,28 Na:7,43 Ka:53,46 Mg:5,01 Ca:8,25 Fe:0,27 Zn:0,01 Col.:0,28 Hsr.:12,16

Zutaten:
Kartoffel 500 g. / 500g. (ja)
Salz 1 Prise / 1g. (wenig)
Lachs 600 g. / 600g. (empfehlenswert)
Rapsöl 2 TL / 24g. (empfehlenswert)
Tomate 100 g. / 100g. (empfehlenswert)
Spinat 700 g. / 700g. (ja)
Salz 1 Prise / 1g. (wenig)
Pinienkerne 4 EL / 40g. (ja)
Lauch (Porree) 120 g. / 120g. (ja)
Olivenöl 4 EL / 40g. (ja)
Salz 1 Prise / 1g. (wenig)
Pfeffer weiss (gemahlen) 1 Prise / 0,5g. (ja)

Kochanleitung:
Kartoffeln schälen, würfelig schneiden und in Salzwasser gar kochen. Den Lachs in Portionen schneiden und in einer Pfanne von beiden Seiten, leicht mit Salz und Pfeffer gewürzt langsam und gleichmäßig braten, später die Pinienkerne dazugeben und leicht anrösten. Spinat in Salzwasser blanchieren, den klein geschnittenen Lauch mit etwas Rapsöl leicht anschwitzen, den blanchierten Spinat dazugeben und gleichmäßig erwärmen. Kurz vor dem Anrichten die halbierten Cocktailtomaten zum Spinat geben und das Gemüse gut mit Salz und Pfeffer abschmecken. Das Spinat-Lauch-Tomaten-Bett mit den Kartoffeln anrichten, den Lachs dazugeben und die gesalzenen Pinienkerne darauf streuen. Das Gericht mit wenig Olivenöl beträufeln und servieren.

3.54 Lauch-Kartoffel-Gratin

Lindert Entzündungen, verbessert Verdauung, regeneriert Haut, harntreibend, senkt Cholesterinspiegel, fördert Schwitzen, löst Stagnation.

Anzahl Portionen: 4
Kalorien p. Portion 369
Gramm p. Portion 346,62
Kochdauer ca. 1 Stunde
Allergene: CGL
(Kohlehydrat:56,02% / Eiweiß & Fett:43,98%)
100g.≈ Eiweiß 7,74g. Fett:16,47g.
µg. - Ph:13,71 Na:22,43 Ka:58,34 Mg:4,33 Ca:15,37 Fe:0,17 Zn:0,03 Col.:1,24 Hsr.:5,68

Zutaten:
Kartoffel 500 g. / 500g. (ja)
Lauch (Porree) 500 g. / 500g. (ja)
Apfel (sauer) 1 Stück / 200g. (empfehlenswert)
Creme fraîche 125 g. / 125g. (ja)
Grundrezept für eine Gemüsebrühe nahrhaft 50 ml / 20g. (ja)
Huhn Eigelb 1 Stück / 20g. (wenig)
Emmentaler 2 EL / 20g. (ja)
Salz 1 Prise / 1g. (wenig)
Pfeffer gemahlen 1 Prise / 0,5g. ()

Kochanleitung:
Kartoffeln waschen, schälen, in sehr dünne Scheiben schneiden und trockentupfen. Die Hälfte in eine flache, gefettete Auflaufform geben. Lauch putzen, waschen und in feine Ringe schneiden. Apfel waschen, schälen und in dünne Scheiben schneiden. Lauch und Apfel auf die Kartoffeln verteilen und die restlichen Kartoffelscheiben darüberlegen. Crème fraîche, Eigelb, geriebenen Emmentaler, Salz und Pfeffer verrühren, evtl. noch etwas Gemüsebrühe dazugeben und über den Auflauf gießen. Bei 200 Grad im Backofen ca. 45 bis 50 Min. goldgelb backen. Nach 30 Min. mit Pergamentpapier abdecken, um ein Austrocknen des Gratins zu verhindern.

3.55 Marinierter Kabeljau auf Kürbispüree

Lindert Entzündungen, verbessert Verdauung, stärkt Milz, Lunge,
Magen und Nieren, harntreibend, reduziert Blutzucker, löst Stagnation.
Gut bei Verstopfung und Blähungen.

Anzahl Portionen: 4
Kalorien p. Portion 202
Gramm p. Portion 288,65
Kochdauer ca. 2 Stunden
Allergene: DG
(Kohlehydrat:49,4% / Eiweiß & Fett:50,6%)
100g.≈ Eiweiß 17,24g. Fett:5,13g.
µg. - Ph:21,61 Na:8,06 Ka:68,86 Mg:5,61 Ca:8,42 Fe:0,1 Zn:0,02 Col.:1,02 Hsr.:10,18

Zutaten:
Kartoffel 6 Stück / 400g. (ja)
Kürbis 200 g / 200g. (ja)
Zwiebel weiss 1 Stück / 50g. (ja)
Oregano getrocknet 1/2 TL / 1g. (ja)
Zitrone Saft 1/2 Stück / 15g. (ja)
Salz 1 Prise / 1g. (wenig)
Pfeffer gemahlen 1 Prise / 0,3g. ()
Creme fraîche 2 EL / 30g. (ja)
Joghurt (natur, 1,5 % Fett) 150 g. / 150g. (empfehlenswert)
Oregano getrocknet 1/4 TL / 1g. (ja)
Basilikum (frisch) 1/2 TL / 2g. (ja)
Kabeljau 300 g. / 300g. (empfehlenswert)
Salz 1 Prise / 1g. (wenig)
Pfeffer gemahlen 1 Prise / 0,3g. ()
Olivenöl 1 TL / 3g. (ja)

Kochanleitung:
Joghurt mit Oregano, Basilikum und Thymian vermischen. Fischfilets
abwaschen, trockentupfen, in eine flache Form legen und mit der
Marinade übergießen. 2 Std. im Kühlschrank durchziehen lassen.
Kartoffeln in Salzwasser weich kochen und schälen. Gewürfelte Zwiebel
in Öl glasig dünsten, den kleingewürfelten Kürbis zugeben und ca. 10
Min. braten. Oregano, Zitronensaft, Salz, Pfeffer und die Crème fraîche
dazugeben und mit dem Mixstab pürieren. Fischfilets aus der Marinade
nehmen, abtropfen lassen, trockentupfen und salzen. Eine beschichtete
Grillpfanne mit 2 TL Öl bestreichen und die Fischfilets auf beiden Seiten
je 3-4 Min. braten und mit den Kartoffeln auf dem Kürbispüree
anrichten.

3.56 Misosuppe mit Tofu

Liefert Vitamine, Mineralien, Enzyme und sekundäre Pflanzenwirkstoffe. Alginsäure entgiftet den Darm, löst Stagnation. Belebt, entgiftet, stärkt das Immunsystem, fördert Verdauung, stärkt Magen, lindert Blähungen.

Anzahl Portionen: 3
Kalorien p. Portion 51
Gramm p. Portion 231,33
Kochdauer ca. 5 min.
Allergene: E
(Kohlehydrat:43,33% / Eiweiß & Fett:56,67%)
100g.≈ Eiweiß 4,44g. Fett:1,66g.
µg. - Ph:11,31 Na:58,1 Ka:19,06 Mg:5,88 Ca:7,16 Fe:0,06 Zn:0,01 Col.:0 Hsr.:3,33

Zutaten:
Wakame 1 Stück / 5g. (ja)
Miso 3-4 EL / 30g. (ja)
Soja Tofu 50 g. / 50g. (ja)
Wasser 1/2 Liter / 500g. (ja)
Sojasauce 1 Schuss / 3g. (ja)
Zwiebel Frühlingszwiebel 1/2 EL / 6g. (ja)

Kochanleitung:
Wasser, Sojakeimlinge, Wakamealge und in Würfel geschnittenen Tofu 5 Min. aufwärmen. Misopaste in Suppenteller geben und langsam mit heißer Suppe übergießen. Mit Tamari abschmecken. Eventuell Frühlingszwiebeln dazugeben.

3.57 Ofenkartoffeln mit Sellerie-Quark

Stärkt Milz, lindert Entzündungen, verbessert Verdauung, regeneriert die Haut, harntreibend, senkt Cholesterinspiegel.

Anzahl Portionen: 2
Kalorien p. Portion 304
Gramm p. Portion 398
Kochdauer ca. 30 Min.
Allergene: GL
(Kohlehydrat:52% / Eiweiß & Fett:48%)
100g.≈ Eiweiß 15,61g. Fett:24,04g.
µg. - Ph:19,06 Na:6,87 Ka:59,91 Mg:7,16 Ca:24,85 Fe:0,1 Zn:0,08 Col.:1,01 Hsr.:3,76

Zutaten:
Sellerie Knolle 80 g. / 80g. (empfehlenswert)
Grundrezept für eine Gemüsebrühe nahrhaft 100 ml. / 100g. (ja)
Kümmel gemahlen 1 Prise / 0,2g. (ja)
Zitrone Schale 1/2 TL / 1g. (ja)
Salz 1 Prise / 1g. (wenig)
Pfeffer gemahlen 1 Prise / 0,2g. ()
Zitrone Saft 1 TL / 3g. (ja)
Topfen (Quark) 20% 200 g. / 200g. (empfehlenswert)
Creme fraîche 1/2 EL / 5g. (ja)
Kartoffel 6 Stück / 400g. (ja)
Olivenöl 2 TL / 5g. (ja)
Salz 1 Prise / 1g. (wenig)

Kochanleitung:
Sellerie-Quark: Sellerie in Gemüsebrühe (nach Grundrezept) mit
Kümmel und Zitronenschale zum Kochen bringen und zugedeckt ca. 8
Min. köcheln lassen, bis er weich und die Gemüsebrühe fast verdampft
ist. Dann alles mit Zitronensaft mit dem Mixstab fein pürieren, mit dem
Quark glatt rühren und mit Salz und Pfeffer abschmecken.
Ofenkartoffel: Den Ofen auf 200 Grad vorheizen. Kartoffeln gut
abbürsten, längs halbieren und mit der Schnittfläche nach oben
nebeneinander auf ein Backblech setzen. Schnittflächen leicht salzen,
mit Öl beträufeln und im Ofen ca. 25 Min. backen. Sellerie-Quark zu
den Kartoffeln reichen.

3.58 Pikante Avocadocreme mit Hüttenkäse

Hilft bei Entzündungen, Schwellungen, Schmerzen und Juckreiz. Stärkt
Magen und Verdauungssystem, entgiftet, bakterizid.
Anzahl Portionen: 4
Kalorien p. Portion 613
Gramm p. Portion 271,25
Kochdauer ca. 15 Min.
Allergene: G
(Kohlehydrat:39% / Eiweiß & Fett:61%)
100g.≈ Eiweiß 11,04g. Fett:40,92g.
µg. - Ph:7,44 Na:14,84 Ka:19,28 Mg:1,27 Ca:2,23 Fe:0,03 Zn:0,03 Col.:0,06 Hsr.:1,09

Zutaten:
Avocado 2 Stück / 600g. (ja)
Pfeffer gemahlen 1 Prise / 0,5g. ()
Salz 1 Prise / 1g. (wenig)
Zitrone Saft 1/2 Stück / 15g. (ja)
Paprika (Rosenpaprikapulver) 1 Prise / 1g. (ja)

Olivenöl 1 EL / 10g. (ja)
Chili (Schote oder gemahlen) 1 Prise / 0,5g. (ja)
Kräuter verschiedene 1 EL / 7g. (ja)
Hüttenkäse 1 Becher / 250g. (ja)
Brot mit Johannisbrotkernmehl 8 Scheiben / 200g. (empfehlenswert)

Kochanleitung:
Avocadofleisch pürieren und mit reichlich gemahlenem Pfeffer,
Zitronensaft, Rosenpaprika, einigen Tropfen Öl, Chili, frischen
gehackten Kräutern und einer Prise Salz würzen. Hüttenkäse (etwa
gleiche Menge wie Avocadocreme) vorsichtig untermengen. Passt zu:
Kartoffeln und Hirse, mit denen die Avocadocreme in Kombination mit
Gemüsegerichten, Hülsenfrüchten oder Blattsalaten eine delikate
Mahlzeit ergibt. Eignet sich auch sehr gut als Vorspeise oder als
Mitbringsel auf Partys und als Morgenmahlzeit im Sommer, zusammen
mit einem milden Gericht aus Linsen oder Adzukibohnen und
geraspeltem Rettich.

3.59 Pikante Tofu-Gemüse-Pfanne

Stärkt Magen, lindert Verstopfung, entgiftet, lindert Entzündungen,
verbessert Durchblutung, fördert Schwitzen, löst Stagnation, lindert
Blähungen, senkt Blutdruck, bakterizid, stärkt Immunsystem, beugt
Krebs vor, reduziert Strahlenverletzungen.

Anzahl Portionen: 4
Kalorien p. Portion 241
Gramm p. Portion 329,38
Kochdauer ca.   25 Min.
Allergene: EN
(Kohlehydrat:67,31% / Eiweiß & Fett:32,69%)
100g.≈ Eiweiß 7,37g. Fett:7,33g.
µg. - Ph:15,05 Na:17,26 Ka:39,42 Mg:9,54 Ca:13,3 Fe:0,3 Zn:0,02 Col.:0,01 Hsr.:7,29

Zutaten:
Sesamöl 2 EL / 20g. (empfehlenswert)
Karotte (Mohrrübe, Möhre) 2 Stück / 100g. (empfehlenswert)
Fenchel 1 Stück / 250g. (empfehlenswert)
Lauch (Porree) 1 Stück / 200g. (ja)
Salz 1 Prise / 1g. (wenig)
Kurkuma (Gelbwurz) 1 Prise / 1g. (ja)
Zitrone Saft 1 Spritzer / 1g. (ja)
Soja Tofu 1 Paket / 120g. (ja)
Pfeffer gemahlen 1 Prise / 0,5g. ()
Sojasauce 1 Schuss / 3g. (ja)
Reis Vollkorn 1 Tasse / 120g. (ja)

Wasser 6 Tassen / 500g. (ja)
Salz 1 Prise / 1g. (wenig)

Kochanleitung:
In einem heißen Wok oder einer heißen Pfanne Sesamöl erhitzen.
Kleingeschnittene Karotten, Fenchel und Lauchscheiben darin anbraten
und mit Salz, einem Spritzer Zitronensaft und Kurkuma würzen.
Tofuwürfel 1-2 Min. mitbraten. Pfeffer dazugeben und zugedeckt etwa 5
Min. schmoren lassen, dann mit Sojasoße beträufeln. Den Reis in
gesalzenem Wasser aufkochen lassen und bei kleiner Hitze ca. 15 Min.
quellen lassen.

3.60 Preiselbeer-Joghurt-Mix

Gut bei akuter oder chronischer Verstopfung,
Mundschleimhautentzündung, Durchfall, Blähungen, Reizdarm.
Anzahl Portionen: 2
Kalorien p. Portion 57
Gramm p. Portion 197,5
Kochdauer ca. 5 Min.
Allergene: GO
(Kohlehydrat:75,06% / Eiweiß & Fett:24,94%)
100g.≈ Eiweiß 2,13g. Fett:1,02g.
µg. - Ph:14,34 Na:11,73 Ka:26,32 Mg:5,43 Ca:33,22 Fe:0,03 Zn:0,03 Col.:0,4 Hsr.:0,41

Zutaten:
Joghurt (natur, 1,5 % Fett) 125 g. / 125g. (empfehlenswert)
Preiselbeermarmelade 2 EL / 20g. (ja)
Mineralwasser 250 ml. / 250g. (ja)

Kochanleitung:
Joghurt, Preiselbeer-Marmelade und Mineralwasser mit dem
Standmixer schaumig rühren.

3.61 Reis mit Pastinake

Vitaminreich, Mineralstoffe Kalium und Zink. Bei
Durchblutungsstörungen, Thrombose, Emboliegefahr, Bluthochdruck,
Kopfschmerzen, Herzinfarkt, Schlaganfall, Hefepilzinfektionen.
Anzahl Portionen: 3
Kalorien p. Portion 206
Gramm p. Portion 261,33
Kochdauer ca. 45 Min.
(Kohlehydrat:78,37% / Eiweiß & Fett:21,63%)
100g.≈ Eiweiß 5,17g. Fett:4,53g.
µg. - Ph:20,16 Na:2,09 Ka:94,99 Mg:7,61 Ca:10,6 Fe:0,15 Zn:0,07 Col.:0 Hsr.:12,18

Zutaten:
Reis Sorte beliebig 1 Tasse / 120g. (ja)
Wasser 2 Tassen / 200g. (ja)
Salz 1 Prise / 1g. (wenig)
Pastinake 3-4 Stück / 450g. (ja)
Olivenöl 1 EL / 10g. (ja)
Salbei 1 TL / 3g. (ja)

Kochanleitung:
Pastinake schälen und in Scheiben schneiden. Kurz in Öl anbraten.
Reis hinzugeben und kurz mitbraten. Mit Wasser übergießen und
mindestens 30 Min. lang kochen lassen. Mit etwas frischem gehacktem
Salbei bestreuen.

3.62 Reis-Congee mit Honigbirne und schwarzem Sesam

Fördert Verdauung, harntreibend, befeuchtet Darm. Gut bei
Durchblutungsstörungen, Thrombose, Emboliegefahr, Bluthochdruck,
Kopfschmerzen, Herzinfarkt und Schlaganfall.
Anzahl Portionen: 2
Kalorien p. Portion 159
Gramm p. Portion 271,5
Kochdauer ca.   10 Min. - 3 Stunden
Allergene: N
(Kohlehydrat:95,26% / Eiweiß & Fett:4,74%)
100g.≈ Eiweiß 2,44g. Fett:1,55g.
µg. - Ph:9,61 Na:0,87 Ka:36,88 Mg:70,3 Ca:68,61 Fe:0,18 Zn:0,06 Col.:0 Hsr.:5,76

Zutaten:
Grundrezept für eine Reissuppe (Congee) 2 Tassen / 240g. (ja)
Birne 2 Stück / 300g. (empfehlenswert)
Sesam, Schwarzer 1 TL / 3g. (ja)

Kochanleitung:
Reis-Congee nach Grundrezept kochen oder vorbereiteten verwenden.
Topf mit 3 cm Wasser befüllen und aufkochen lassen. Birnen vierteln
(mit Haut und Kernen) und hineingeben und mit schwarzem Sesam 10
Min. zugedeckt köcheln lassen. Mit dem Reis mischen.

3.63 Reispudding

Reguliert Magen-Darm-Funktion, stärkt Milz, Magen und Muskeln, liefert Vitamin C.

Anzahl Portionen: 1
Kalorien p. Portion 316
Gramm p. Portion 329
Kochdauer ca. 2 Stunden
Allergene: G
(Kohlehydrat:75,96% / Eiweiß & Fett:24,04%)
100g.≈ Eiweiß 9,26g. Fett:7,36g.
µg. - Ph:91,08 Na:31,47 Ka:222,68 Mg:30,22 Ca:77,57 Fe:0,44 Zn:0,42 Col.:3,65 Hsr.:17,51

Zutaten:
Kuhmilch (Vollmilch 3,5 % Fett) 200 ml. / 200g. (ja)
Reis Rundkornreis 25 g. / 25g. (empfehlenswert)
Banane 100 g. / 100g. (ja)
Rote Grütze (ohne Zucker) 2 TL / 4g. (ja)

Kochanleitung:
Die Hälfte der Milch in einem kleinen Topf zum Kochen bringen. Den Reis einstreuen und bei schwacher Hitze etwa 15 Min. kochen lassen. Die Banane schälen, mit dem Pürierstab fein zermusen und den Rote-Bete-Saft dazugeben. Das Bananenmus unter den heißen Reis ziehen. Eine hübsche Puddingform (ca. ¼ l Inhalt) mit kaltem Wasser ausschwenken, den Bananenreis in die Form füllen und den Pudding bei Zimmertemperatur ausquellen lassen. Nach etwa 3 Std. ist er fest und kann gestürzt werden. Die restliche Milch als Getränk dazugeben.

3.64 Rhabarber-Apfel-Grütze

Liefert Antioxidantien und viel Vitamin C. Führt ab, kühlt Hitze, lindert Schmerzen, entgiftet, bakterizid, erwärmt Magen und Milz, fördert Durchblutung.

Anzahl Portionen: 2
Kalorien p. Portion 180
Gramm p. Portion 276,5
Kochdauer ca. 15 Min.
(Kohlehydrat:95,59% / Eiweiß & Fett:4,41%)
100g.≈ Eiweiß 1,2g. Fett:0,58g.
µg. - Ph:14,75 Na:1,5 Ka:93,5 Mg:7,43 Ca:12,73 Fe:0,29 Zn:0,07 Col.:0 Hsr.:6,21

Zutaten:
Rhabarber 200 g / 200g. (empfehlenswert)
Apfelsaft (Naturtrüb) 300 ml. / 300g. (ja)
Maisstärke 30 g. / 30g. (wenig)
Honig 20 g. / 20g. (ja)
Vanillezucker natur 1 Prise / 0,5g. (ja)
Zimtpulver 1 Prise / 0,5g. (ja)
Pfefferminze 2 Blätter / 2g. (ja)

Kochanleitung:
Die Maisstärke mit ½ Tasse Apfelsaft glattrühren. Den Rhabarber mit einer Tasse Wasser 10 Min. dünsten, den restlichen Apfelsaft zufügen, mit der angerührten Stärke abbinden und nochmals aufkochen. Mit dem Honig süßen und mit Vanille und Zimt würzen. Die Grütze auf Dessertschälchen verteilen und mit Minze garnieren.

3.65 Rinderbrühe mit Eigelb

Stärkt Muskeln, Sehnen und Knochen, senkt Blutdruck, bakterizid, stärkt Immunsystem.

Anzahl Portionen: 1
Kalorien p. Portion 174
Gramm p. Portion 275
Kochdauer ca. 5 Min.
Allergene: CO
(Kohlehydrat:79,01% / Eiweiß & Fett:20,99%)
100g.≈ Eiweiß 13,95g. Fett:11,42g.
µg. - Ph:95,65 Na:29,33 Ka:23,55 Mg:84,18 Ca:199,09 Fe:1,38 Zn:1,25 Col.:115,67 Hsr.:3,82

Zutaten:
Grundrezept für eine Rinderbrühe wärmend 1/4 Liter / 250g. (ja)
Huhn Eigelb 1 Stück / 25g. (wenig)

Kochanleitung:
Rindersuppe (nach Grundrezept für eine Rinderbrühe hergestellt) aufwärmen und das Dotter darin verquirlen.

3.66 Rindfleischsalat

Stärkt Milz, Magen, Blut, Muskeln, Sehnen und Knochen, kühlt und befeuchtet, harntreibend, entgiftend, unterdrückt Umwandlung von Zucker in Fett, senkt Cholesterinspiegel, löst Stagnation.

Anzahl Portionen: 1
Kalorien p. Portion 249
Gramm p. Portion 197
Kochdauer ca. 10 Min.
Allergene: O
(Kohlehydrat:54% / Eiweiß & Fett:46%)
100g.≈ Eiweiß 15,71g. Fett:7,9g.
µg. - Ph:151,93 Na:219,82 Ka:142,62 Mg:14,06 Ca:28,43 Fe:1,3 Zn:1,53 Col.:18,53 Hsr.:43,25

Zutaten:
Rind Fleisch 50 g. / 50g. (ja)
Zwiebel weiss 20 g. / 20g. (ja)
Paprika 30 g. / 30g. (empfehlenswert)
Gurke (Gewürzgurke) 30 g. / 30g. (empfehlenswert)
Essig (Apfelessig) 2 TL / 5g. (ja)
Rapsöl 2 TL / 5g. (empfehlenswert)
Salz 1 Prise / 0,5g. (wenig)
Pfeffer gemahlen 1 Prise / 0,1g. ()
Lauchzwiebel Schnittlauch 1 EL / 7g. (ja)
Brot mit Johannisbrotkernmehl 2 Scheiben / 50g. (empfehlenswert)

Kochanleitung:
Das Fleisch mit dem Grundrezept einer Rinderbrühe kochen, auskühlen lassen und in ca. 1 cm große Scheiben schneiden. Zwiebeln in Ringe, Paprikaschote und Gewürzgurke in kleine Würfel schneiden und alle Zutaten mischen. Salatmarinade aus Essig, Öl und Salz herstellen und darüber verteilen, abschmecken und durchziehen lassen.

3.67 Roher Selleriesalat

Erfrischend. Stärkt Magen, Leber, Nieren und Muskeln. Liefert Vitamin C, stärkt Verdauungssystem, entgiftet, bakterizid, fördert Durchblutung, fördert Gewichtsabnahme.

Anzahl Portionen: 1
Kalorien p. Portion 590
Gramm p. Portion 327
Kochdauer ca. 15 Min.
Allergene: HLN
(Kohlehydrat:26% / Eiweiß & Fett:74%)
100g.≈ Eiweiß 6,84g. Fett:51,9g.
µg. - Ph:58,86 Na:64,97 Ka:271,14 Mg:26,75 Ca:65,8 Fe:0,65 Zn:0,25 Col.:0,12 Hsr.:40,4

Zutaten:
Sellerie Knolle 1/4 Stück / 125g. (empfehlenswert)
Sellerie Stangensellerie 2 Äste / 30g. (empfehlenswert)
Sesamöl 4 EL / 40g. (empfehlenswert)
Mandelmus 2 EL / 20g. (ja)
Pfeffer gemahlen 1 Prise / 0,5g. ()
Salz 1 Prise / 1g. (wenig)
Zitrone 1/2 Tasse / 50g. (ja)
Orangensaft 1/2 Tasse / 60g. (ja)
Paprika (Rosenpaprikapulver) 1 Prise / 1g. (ja)

Kochanleitung:
Sellerieknolle fein raspeln. Selleriestange in kleine Stücke schneiden, Selleriegrün -falls vorhanden- kleinschneiden, blanchieren und alles vermischen. Dressing: Sesamöl, Mandelmus, Pfeffer, Salz, Zitronen- und Orangensaft (frisch) und etwas Rosenpaprika gut durchrühren. Mit dem Sellerie vermischen und gut durchziehen lassen.

3.68 Rosmarinkartoffeln

Kartoffel stärkt die Milz, lindert Entzündungen, verbessert die Verdauung, regeneriert die Haut, ist harntreibend, senkt Cholesterinspiegel. Rosmarin fördert Verdauung, stärkt Lunge, Milz und Nieren.

Anzahl Portionen: 2
Kalorien p. Portion 189
Gramm p. Portion 216,5
Kochdauer ca. 30 Min.
(Kohlehydrat:76,49% / Eiweiß & Fett:23,51%)
100g.≈ Eiweiß 4,21g. Fett:5,25g.
µg. - Ph:23,02 Na:1,45 Ka:165,76 Mg:9,44 Ca:3,73 Fe:0,2 Zn:0,07 Col.:0,01 Hsr.:7,27

Zutaten:
Kartoffel 6-8 Stück / 420g. (ja)
Salz Kräutersalz 1 Prise / 1g. (ja)
Olivenöl 1 EL / 10g. (ja)
Rosmarin 1 TL / 2g. (ja)

Kochanleitung:
Kartoffeln der Länge nach halbieren, mit etwas Olivenöl bestreichen, salzen, 2-3 Rosmarinnadeln auf jede halbe Kartoffel streuen, auf Backblech setzen und im vorgeheizten Backofen ca. 25 Min. bei 190 Grad backen.

3.69 Rührei mit Blattsalat-Oliven-Tomaten

Beruhigt Nerven und Magen, lindert Müdigkeit, verbessert Magen-Darm-Funktionen, fördert Verdauung, regt Leberfunktion an, entgiftet, hilft Fett zu verdauen, harntreibend, senkt Blutdruck.

Anzahl Portionen: 1
Kalorien p. Portion 420
Gramm p. Portion 264,5
Kochdauer ca. 10 min.
Allergene: C
(Kohlehydrat:8,12% / Eiweiß & Fett:91,88%)
100g.≈ Eiweiß 24,41g. Fett:33,87g.
µg. - Ph:158,24 Na:226,06 Ka:184,43 Mg:13,79 Ca:53,45 Fe:1,72 Zn:1,03 Col.:269,53 Hsr.:7,45

Zutaten:
Huhn Ei 2-3 Stück / 180g. (ja)
Olivenöl 1 EL / 10g. (ja)
Salz 1 Prise / 1g. (wenig)
Pfeffer gemahlen 1 Prise / 0,5g. ()
Oliven 6 Stück / 10g. (ja)
Tomate 1 Stück / 50g. (empfehlenswert)
Kopfsalat 2 Blätter / 5g. (empfehlenswert)
Kurkuma (Gelbwurz) 1 Prise / 1g. (ja)
Petersilie 1/2 EL / 5g. (ja)
Basilikum (frisch) 2-3 Blatt / 2g. (ja)

Kochanleitung:
In der Pfanne Olivenöl erhitzen, Tomate in Scheiben schneiden und Salat in kleine Stücke zupfen. Tomaten, Salat und Oliven kurz andünsten und dabei die Eier mit Salz und Gewürzen mit einer Gabel verrühren und diese Masse in die Pfanne eingießen. Mit einem Holzlöffel umrühren, bis die gewünschte Konsistenz erreicht ist.
Gewürze und Kräuter: Kurkuma, Petersilie, Basilikum, Schwarzkümmel.
Variante: Zucchini, Rucola

3.70 Rührei mit Rucola und Kräutern

Beruhigt Nerven und Magen, fördert Verdauung, entgiftet, stärkt Säfteproduktion, treibt Schweiß, reduziert Blutfett, regt an, löst Stagnation, regt Leberfunktion an, harmonisiert Leber und Milz, stärkt Sehkraft, entgiftet.

Anzahl Portionen: 1
Kalorien p. Portion 360
Gramm p. Portion 191
Kochdauer ca. 10 Min
Allergene: CG
(Kohlehydrat:11% / Eiweiß & Fett:89%)
100g.≈ Eiweiß 16,61g. Fett:30,38g.
µg. - Ph:156,1 Na:98,06 Ka:229,29 Mg:15,37 Ca:66,01 Fe:1,96 Zn:0,98 Col.:273,93 Hsr.:9,63

Zutaten:
Butter Bio 2 EL / 20g. (ja)
Ingwer frisch 1 Messerspitze / 1g. (ja)
Huhn Ei 2 Stück / 120g. (ja)
Pfeffer gemahlen 1 Prise / 0,5g. ()
Koriander 1 Prise / 1g. (ja)
Petersilie 2 EL / 16g. (ja)
Oregano getrocknet 1 TL / 2g. (ja)
Bohnenkraut 1 Prise / 0,5g. (empfehlenswert)

Kochanleitung:
Ein Stück Butter in einer Pfanne schmelzen lassen. Etwas kleingeschnittenen Ingwer kurz darin anbraten. 1 Ei darin aufschlagen und frisch gemahlenen Pfeffer, eine Prise Koriander, Bohnenkraut, etwas Salz, gehackte Petersilie, Rucola und Oregano (kleingeschnitten) unterrühren, bis das Ei stockt, aber noch saftig ist. Dazu passt: Hirse, Polenta, Kartoffeln, getoastetes Brot. Bekömmlicher ist das Gericht jedoch ohne Kohlenhydrate.

3.71 Russische Kasha mit Weißkohl

Fördert Verdauung, lindert Schmerzen, entgiftet, fördert Appetit, löst Stagnation, regt Blutproduktion und Stoffwechsel an, baut Fett ab.

Anzahl Portionen: 2
Kalorien p. Portion 251
Gramm p. Portion 203,5
Kochdauer ca. 30 Min.
Allergene: AG
(Kohlehydrat:81,18% / Eiweiß & Fett:18,82%)
100g.≈ Eiweiß 8,19g. Fett:2,72g.
µg. - Ph:44,68 Na:1,88 Ka:72,81 Mg:16,01 Ca:11,92 Fe:0,6 Zn:0,22 Col.:0,44 Hsr.:24,96

Zutaten:
Buchweizen Vollkorn 1 Tasse / 130g. (wenig)
Wasser 2 Tassen / 240g. (ja)
Muskatnuss 1 Prise / 1g. (ja)
Salz 1 Prise / 1g. (wenig)
Petersilie 1 EL / 10g. (ja)
Kümmel 1 Prise / 2g. (ja)
Butter Bio 1 TL / 3g. (ja)
Weißkohl/Weißkraut 1 Handvoll / 20g. (empfehlenswert)

Kochanleitung:
Buchweizen trocken goldgelb rösten. Kochendes Wasser zugießen, kurz aufkochen und dann quellen lassen, bis er weich ist. Weißkohl fein raspeln und unterheben. Mit Muskat und Salz würzen. Am Schluss etwas Petersilie, Kümmel und Butter hinzufügen.

3.72 Sellerie-Kartoffel-Cremesuppe

Senkt Blutdruck, stärkt Immunsystem, fördert Gewichtsabnahme. Gut bei Abwehrschwäche, Appetitlosigkeit, Blähungen, Depressionen, Diabetes, Durchfall, Verdauungsschwäche.
Anzahl Portionen: 4
Kalorien p. Portion 113
Gramm p. Portion 241,5
Kochdauer ca. 45 Min.
Allergene: GL
(Kohlehydrat:83,35% / Eiweiß & Fett:16,65%)
100g.≈ Eiweiß 2,16g. Fett:5,52g.
µg. - Ph:5,96 Na:3,46 Ka:23,98 Mg:22,27 Ca:83,51 Fe:0,18 Zn:0,02 Col.:0 Hsr.:1,49

Zutaten:
Olivenöl 1 EL / 10g. (ja)
Zwiebel weiss 1/2 Stück / 25g. (ja)
Grundrezept für eine Gemüsebrühe nahrhaft 700 ml. / 700g. (ja)
Kartoffel 200 g / 200g. (ja)
Muskatnuss 1 Prise / 0,5g. (ja)
Kümmel 1 Prise / 0,5g. (ja)
Zitrone Schale 1/4 Stück / 1g. (ja)
Creme fraîche 2 EL / 20g. (ja)
Salz 1 Prise / 1g. (wenig)
Petersilie 1 EL / 8g. (ja)

Kochanleitung:
Das Olivenöl in einem Topf leicht erhitzen und Zwiebelwürfel darin bei milder Hitze ganz weich dünsten. Mit Gemüsebrühe (nach Grundrezept) aufgießen und zugedeckt 15 Min. köcheln lassen. Kartoffelwürfel, kleingeschnittenen Sellerie, Muskat, Kümmel und Zitronenschale zugeben und zugedeckt weitere 12 Min. leicht kochen. Kartoffeln und Sellerie sollen weich sein, aber nicht zerfallen. Zitronenschale entfernen, mit dem Mixstab oder im Mixer die Suppe mit Crème fraîche fein pürieren und mit Salz abschmecken. Suppe portionsweise mit der kleingehackten Petersilie anrichten.

3.73 Tee aus Anissamen

Anis (gemeiner Fenchel) fördert Verdauung, stärkt Magen und Milz.
Anzahl Portionen: 4
Kalorien p. Portion 3
Gramm p. Portion 125,75
Kochdauer ca. 15 Min.
(Kohlehydrat:51,11% / Eiweiß & Fett:48,89%)
100g.≈ Eiweiß 0,14g. Fett:0,12g.
µg. - Ph:0,71 Na:0,27 Ka:2,06 Mg:0,5 Ca:2,29 Fe:0 Zn:0,01 Col.:0 Hsr.:0

Zutaten:
Anis (gemeiner Fenchel) 1 TL / 3g. (ja)
Wasser 1/2 Liter / 500g. (ja)

Kochanleitung:
Wasser zum Kochen bringen und beiseite stellen. Anis zugeben, 10 Min. ziehen lassen und durch ein Teesieb abgießen. Nach Geschmack mit Honig süßen. Um eine heilsame Wirkung zu erzielen, sollte man pro Tag 2 Tassen Anis-Tee trinken.

3.74 Tee aus Grüntee

Fördert Verdauung, harntreibend, löst Schleim, entgiftet, regt Nerven an, reduziert Blutfett, senkt Cholesterinspiegel, lindert Entzündungen.
Anzahl Portionen: 1
Kalorien p. Portion 3
Gramm p. Portion 122
Kochdauer ca. 10 Min.
(Kohlehydrat:20% / Eiweiß & Fett:80%)
100g.≈ Eiweiß 0,01g. Fett:0g.
µg. - Ph:5,61 Na:1,07 Ka:27,59 Mg:4,07 Ca:9,43 Fe:0,04 Zn:0,1 Col.:0 Hsr.:0

Zutaten:
Grüner Tee 1 TL / 2g. (ja)
Wasser 1 Tasse / 120g. (ja)

Kochanleitung:
Pro Tasse verwendet man einen Teelöffel voll oder einen Teebeutel.
Grüntee nur mit 60-80 Grad heißem Wasser aufbrühen, da er sonst
bitter wird. Soll der Tee eine anregende Wirkung haben, lässt man ihn
2-3 Min. ziehen. Eher beruhigend wirkt er bei einer Ziehdauer von 5
Min. (nicht länger, sonst wird er bitter!). Eine andere Methode: Man
übergießt die Teeblätter mit ca. 70 Grad heißem Wasser und gießt es
sofort wieder ab. Dann einfach noch mal heißes Wasser nachgießen.
Die Bitterstoffe verschwinden und der Tee bekommt ein milderes
Aroma.

3.75 Tee aus Kamille

Gut bei Blähungen, Brechreiz, Darmkrämpfen, Durchfall, Entzündung
der Mundschleimhaut, grippalen Infekten, Magen- und
Darmschleimhautentzündung, schlecht heilenden Wunden, Übelkeit,
Erkältungskrankheiten, Hautausschlägen.
Anzahl Portionen: 1
Kalorien p. Portion 0
Gramm p. Portion 123
Kochdauer ca. 10 Min.
(Kohlehydrat:0% / Eiweiß & Fett:0%)
100g.≈ Eiweiß 0g. Fett:0g.
µg. - Ph:0 Na:0,98 Ka:0 Mg:0,98 Ca:4,88 Fe:0,01 Zn:0,1 Col.:0 Hsr.:0

Zutaten:
Kamille 1 TL / 3g. (ja)
Wasser 1 Tasse / 120g. (ja)

Kochanleitung:
Wasser zum Kochen bringen und beiseite stellen. Kamillenblüten
zugeben und 10 Min. ziehen lassen, dann abseihen.

3.76 Tomatensuppe

Fördert Verdauung, hilft Fett zu verdauen, senkt Blutdruck, löst Stagnation, antioxidativ, harntreibend.

Anzahl Portionen: 2
Kalorien p. Portion 100
Gramm p. Portion 290
Kochdauer ca. 10 min.
(Kohlehydrat:42% / Eiweiß & Fett:58%)
100g.≈ Eiweiß 1,78g. Fett:7,9g.
µg. - Ph:4,2 Na:1,2 Ka:31,36 Mg:1,99 Ca:3,85 Fe:0,07 Zn:0,04 Col.:0,01 Hsr.:1,47

Zutaten:
Olivenöl 1 EL / 15g. (ja)
Zwiebel weiss 1 Stück / 60g. (ja)
Basilikum (frisch) 1 TL / 2g. (ja)
Zimtpulver 1 Prise / 1g. (ja)
Pfeffer gemahlen 1 Prise / 0,5g. ()
Salz 1 Prise / 1g. (wenig)
Tomate 5 Stück / 250g. (empfehlenswert)
Wasser 250 g. / 250g. (ja)
Paprika (Rosenpaprikapulver) 1 Prise / 1g. (ja)

Kochanleitung:
Die kleingeschnittene Zwiebel im Olivenöl in einem Topf anrösten, Salz und Gewürze zufügen und kurz mitrösten. Gewaschene und geviertelte Tomaten zugeben und kurz anbraten. 250 ml Wasser heißes Wasser zufügen, 15 Min. kochen lassen und dann pürieren.

3.77 Tonic Wasser

Chinin: Medizin gegen Malaria.

Anzahl Portionen: 1
Kalorien p. Portion 95
Gramm p. Portion 250
Kochdauer ca. 1 Min.
(Kohlehydrat:98,92% / Eiweiß & Fett:1,08%)
100g.≈ Eiweiß 2,5g. Fett:0g.
µg. - Ph:0 Na:0 Ka:0 Mg:0 Ca:0 Fe:0 Zn:0 Col.:0 Hsr.:0

Zutaten:
Tonicwasser 1 Glas / 250g. (ja)

Kochanleitung:
Tonic Wasser kaufen und in kleinen Schlucken trinken. Ein schönes Glas steigert auch noch den Appetit.

3.78 Ungarischer Reissalat

Fördert Verdauung, hilft Fett zu verdauen, harntreibend, senkt Blutdruck, stärkt Nieren und Blase, erwärmt den Körper von innen, erweitert die Gefäße, stärkt die Muskeln, reguliert Innenorganfunktionen.

Anzahl Portionen: 2
Kalorien p. Portion 421
Gramm p. Portion 323,75
Kochdauer ca. 25 Min.
Allergene: GM
(Kohlehydrat:54,13% / Eiweiß & Fett:45,87%)
100g.≈ Eiweiß 8,23g. Fett:14,84g.
µg. - Ph:37,91 Na:20,49 Ka:52,31 Mg:11,09 Ca:28,82 Fe:0,24 Zn:0,12 Col.:0,77 Hsr.:9,26

Zutaten:
Reis Vollkorn 1/2 Tasse / 60g. (ja)
Wasser 3 Tassen / 300g. (ja)
Salz 1 Prise / 0,3g. (wenig)
Tomate 100 g. / 100g. (empfehlenswert)
Paprika 50 g. / 50g. (empfehlenswert)
Champignon 30 g. / 30g. (ja)
Edamer 30 g. / 30g. (ja)
Joghurt (natur, 1,5 % Fett) 45 g. / 45g. (empfehlenswert)
Salz 1 Prise / 1g. (wenig)
Kräuter verschiedene 1 EL / 8g. (ja)
Rapsöl 2 EL / 20g. (empfehlenswert)
Senf 1 TL / 3g. (ja)
Pfeffer gemahlen 1 Prise / 0,2g. ()

Kochanleitung:
Reis in reichlich kochendem Salzwasser körnig weich kochen und abtropfen lassen. Tomaten und Paprikaschote waschen und entkernen. Beide klein würfeln. Champignons (aus der Dose oder in Rapsöl kurz anrösten) und Käse in kleine Würfel schneiden und zum Reis geben. Marinade herstellen und mit den Zutaten vermischen. Kühl stellen und mindestens 1 Std. durchziehen lassen.

3.79 Vanillecreme mit Beeren

Stärkt die Abwehr gegen Pilzinfektionen, abführend, entgiftend, blutreinigend. Gut bei Körperschwäche, chronischer Verstopfung, Gewichtsverlust.

Anzahl Portionen: 4
Kalorien p. Portion 282
Gramm p. Portion 272
Kochdauer ca. 15 Min.
Allergene: G
(Kohlehydrat:27,7% / Eiweiß & Fett:72,3%)
100g.≈ Eiweiß 13,39g. Fett:31,23g.
µg. - Ph:23,97 Na:6,5 Ka:32,71 Mg:3,46 Ca:21,12 Fe:0,1 Zn:0,02 Col.:0,41 Hsr.:1,8

Zutaten:
Topfen (Quark) 20% 400 g. / 400g. (empfehlenswert)
Joghurt (natur, 1,5 % Fett) 150 g. / 150g. (empfehlenswert)
Zucker braun 2 TL / 8g. (wenig)
Acerola Fruchtnektar oder Pulver 1 TL / 2g. (ja)
Vanillezucker natur 3 Paket / 3g. (ja)
Sahne, süß 30% 125 g. / 125g. (wenig)
Erdbeere 100 g. / 100g. (empfehlenswert)
Himbeere 100 g. / 100g. (empfehlenswert)
Brombeere 100 g. / 100g. (empfehlenswert)
Heidelbeere 100 g. / 100g. (ja)

Kochanleitung:
Quark, Joghurt, Zucker, Acerola und Vanillezucker mit dem Handrührgerät oder Schneebesen glatt rühren. Sahne sehr steif schlagen, unter die Quarkcreme mischen und portionsweise mit den Beeren anrichten.

3.80 Wärmende Karottensuppe

Stärkt und wärmt, senkt Blutdruck, bakterizid, stärkt Immunsystem, beugt Krebs vor, reduziert Strahlenverletzungen, stärkt Magen-Darm-Funktion.

Anzahl Portionen: 3
Kalorien p. Portion 133
Gramm p. Portion 274,67
Kochdauer ca. 30 min
Allergene: HL
(Kohlehydrat:78,77% / Eiweiß & Fett:21,23%)
100g.≈ Eiweiß 2,17g. Fett:7,87g.
µg. - Ph:8,57 Na:6,92 Ka:27,55 Mg:25,11 Ca:97,93 Fe:0,4 Zn:0,03 Col.:0 Hsr.:2,99

Zutaten:
Karotte (Mohrrübe, Möhre) 4 Stück / 250g. (empfehlenswert)
Walnussöl 2 EL / 20g. (ja)
Zwiebel Schalotte 2 Stück / 40g. (ja)
Anis (gemeiner Fenchel) 1/2 TL / 1g. (ja)
Muskatnuss 1 Prise / 1g. (ja)
Ingwer frisch 1/2 TL / 1g. (ja)
Salz 1 Prise / 1g. (wenig)
Grundrezept für eine Gemüsebrühe nahrhaft 1/2 Liter / 500g. (ja)
Petersilie 1 EL / 10g. (ja)

Kochanleitung:
Walnussöl in einem Topf erhitzen und die kleingeschnittenen Zwiebeln
darin anbraten. Karotten gewürfelt zufügen. Anis, Muskat, etwas Ingwer
und Salz zugeben. Wasser oder Gemüse- bzw. Fleischbrühe zugeben.
Alles weich kochen und dann pürieren. Am Ende Petersilie unterheben.
Empfehlung: Die Suppe eignet sich für die kalte Jahreszeit, vor allem,
wenn man als Flüssigkeit zum Aufgießen Fleischbrühe verwendet.

4 Wirkung der Lebensmittel

4.1 Zutaten verwenden: empfehlenswert

Apfel (sauer)
Apfel (süß)
Apfelmus
Birne
Blattsalate (bitter)
Blumenkohl (Karfiol)
Bohnen (grün, frisch)
Bohnenkraut
Borretsch
Brokkoli
Brombeere
Brot mit Johannisbrotkernmehl
Chicorée
Chinakohl
Erdbeere
Feldsalat
Fenchel
Fischstücke gemischt (Süßwasser)
Flaschenkürbis
Forelle
Gemüsesaft
Gurke
Gurke (bitter)
Gurke (Gewürzgurke)
Hagebutte

Hagebuttentee
Hering
Himbeere
Joghurt (natur, 1,5 % Fett)
Johannisbeere (rot)
Johannisbeere (schwarz)
Johannisbeere (weiß)
Kabeljau
Karotte (Frühkarotte)
Karotte (Mohrrübe, Möhre)
Karottensaft ohne Zucker
Kirsche
Kirsche (sauer)
Kohlrabi
Kohlrübe
Kopfsalat
Kräuterteemischung
Lachs
Leinöl
Linsen (Helmbohnen)
Maiskeimöl
Makrele
Mittelmeerfisch (Kabeljau, Scholle,
Schellfisch, Seeaal, Makrele)
Müsli

Paprika
Pfirsich
Pfirsich (Dose)
Pflaume
Preiselbeere
Preiselbeersaft
Pute Brustfleisch
Radicchio
Radieschen
Rapsöl
Reis Klebreis
Reis Langkornreis
Reis Reisschleim
Reis Rundkornreis
Rettich (weiß, grün, lila-rot)
Rettich Meerrettich (Kren)
Rhabarber
Rosenkohl
Rotbarsch
Rote Rübe
Rotkohl
Schmelzkäse 12%

Scholle
Sellerie Knolle
Sellerie Stangensellerie
Sesamöl
Soja Cuisine (Soja-Sahne)
Sojabohne
Spargel (grün oder weiß)
Speiserüben
Thunfisch
Tomate
Topfen (Quark) 20%
Vogerlsalat (Pflücksalat)
Wacholderbeere
Wachskürbis
Walnüsse
Wassermelone
Weißkohl/Weißkraut
Weizenkeimöl
Wildkräuter
Wirsing/Grünkohl
Zucchini
Zwetschken

4.2 Zutaten verwenden: ja

Aal
Aal geräuchert
Acerola Fruchtnektar oder Pulver
Adzukibohnen
Agar-Agar, Agartang
Agavendicksaft
Ahornsirup
Aloesaft
Amaranth
Amaranth POPS
Ananas
Ananas (aus der Dose)
Ananassaft ungezuckert
Andornkraut
Angelikawurzel
Anis (gemeiner Fenchel)
Apfelsaft (Naturtrüb)
Aprikose
Aprikose getrocknet
Aprikosen Marmelade
Aprikosennektar
Artischocke
Aubergine
Austern
Austernpilze
Austernschalenpulver
Avocado
Backpulver
Baldrian

Bambussprossen
Banane
Banane Kochbanane
Banchatee
Bärentraubenblätter
Bärlauch (Knoblauchspinat)
Barsch
Basilikum
Basilikum (frisch)
Bataviasalat
Beeren der Saison
Beerensaft
Benediktinerdistel
Berberitzenrindetee
Birnensaft
Bitter Lemon
Bitterklee
Bitterorangenschale
Blätterteig
Blütenpollen
Bocksdornfrüchte (Fructus Lycii)
getrocknet
Bockshornklee
Bohnenöl
Borretschöl
Boxhornkleesamen
Bratöl
Brennnessel
Brie

Brombeerblätter
Brombeere getrocknet (unreife)
Brombeermarmelade
Buchweizen
Buchweizen (geröstet) Kasha
Buschbohnen
Butter (halbfett)
Butter Bio
Butterbohnen weiße
Buttermilch
Calamari
Camembert
Cashewnüsse
Champignon
Channa-Dal
Chenpi (chinesische
Mandarinenschale)
Chili (Schote oder gemahlen)
Chlorella (Süßwasser)
Chrysanthemenblütentee
Clementinen
Colagetränk (kalorienarm)
Cranberries
Creme fraîche
Cumin (Kreuzkümmel)
Curry
Currypaste rot
Dashi
Datteln getrocknet
Datteln rot
Dill
Distelöl
Dornhai (Seeaal, Schillerlocken)
Dorsch
Dulse (Lappentang)
Edamer
Eibennuss
Eibisch (Hibiscus)
Eisbergsalat
Emmentaler
Endiviensalat
Ente (Frühmastente, schlachtfrisch)
Ente (Herz)
Entenei
Enzianwurzel
Erbse, grün
Erbsen
Erdbeermarmelade
Erdbeersaftgetränk
Erdnussbutter
Erdnüsse
Erdnussöl
Essig (Apfelessig)
Essig (Rotweinessig)

Essig Aceto Balsamico
Essig Aceto Balsamico weiss
Essiggurke
Estragon
Färberdiestel (Hong Hua)
Färberginsterkraut
Fasan
Feige
Feige getrocknet
Fenchelsamen gemahlen
Fencheltee
Feta
Fischsouce
Flohsamen
Flunder
Forelle (geräuchert)
Frischkäse
Frischkäse aus Soja
Frischkäse mit Kräuter
Früchtetee
Fruchtzucker (Fruktose,
Traubenzucker)
Gagelpflaume
Galgant
Gans
Gans (Gänseklein)
Gans (Gänseschmalz)
Gänseblümchen
Gänseblut
Gänseei
Garam Masala Pulver
Garnele
Gelatine weiss
Gelee Royal
Gerstengras Pulver
Gerstenmalz
Getreidekaffee
Gewürznelke
Ginkgofrucht
Ginsengwurzel
Glühweingewürzmischung
Gorgonzola
Gouda
Granatapfel
Grapefruit getrocknete Schale
Grapefruit/Pampelmuse/Pomelo
Grapefruitsaft
Graskarpfen
Grüner Tee
Guave
Haifisch
Hammel
Hase
Hase, wild

Haselnüsse
Hefe
Heidelbeere
Heidelbeere getrocknet
Heidelbeermarmelade
Heidelbeersaft
Heilbutt
Hibiskustee
Hijiki
Himbeerblättertee
Himbeere getrocknet (unreife)
Himbeermarmelade
Hiobsträne (Samen) YiYi Ren
Hirsch Fleisch
Hirsch Knochen
Hirsch Nieren
Hokkaidokürbis
Holunderbeeren
Holunderblütentee
Honig
Honigmelone
Hopfen
Huhn Blut
Huhn Ei
Huhn Eiweiß
Huhn Fleisch
Huhn Herz
Huhn Magen
Hummer
Hüttenkäse
Ingwer frisch
Ingwer Pulver
Ingweröl
Jakobstränen
Jasminblütentee
Joghurt (natur, 3,5 % Fett)
Johannisbeermarmelade (rot)
Johannisbeermarmelade (schwarz)
Johannisbeernektar (schwarz)
Johannisbrotkernmehl
Kaffee
Kaffeeweißer
Kakao
Kaki-Pflaume
Kaktusfeige
Kalmus
Kamille
Kaninchen Fleisch
Kaninchen Leber
Kapern (eingelegt)
Kapuzinerkresse
Karambole/Sternfrucht
Karausche
Kardamom

Karpfen
Kartoffel
Kartoffel (mehlige)
Kartoffelmehl
Käsepappeltee
Kastanien (Maronen)
Kaviar
Kefir
Kerbel
Kerbel getrocknet
Kichererbsen
Kirschenkompott
Kirschsaft
Kiwi
Klementine
Klettenwurzeltee
Knoblauch
Kokosflocken
Kokosmilch
Kokosnussfleisch
Kokosraspeln
Kombualge
Kompott (Früchte der Saison)
Koriander
Koriandergrün
Korinthen (rot)
Korinthen (schwarz)
Krabbe
Krake
Kräuter bittere
Kräuter der Provence
Kräuter verschiedene
Kräuter Wildkräuter
Kresse
Kuhmilch (1,5 % Fett)
Kuhmilch (Vollmilch 3,5 % Fett)
Kukichatee
Kümmel
Kümmel gemahlen
Kumquat
Kürbis
Kürbiskerne
Kürbiskernöl
Kurkuma (Gelbwurz)
Kuzu
Lamm Fleisch
Lamm Knochen
Lamm Schulter
Languste
Lauch (Porree)
Lauchzwiebel Schnittlauch
Lavendelblüten
Leberglättertee
Liebstöckel

Liebstöckelsamen
Limabohnen
Lindenblütentee
Linsen gelb
Linsen rot
Linsen schwarz
Löffelbiskuit
Longane
Loquate/Japanische Mispel
Lorbeerblatt
Lotossamen
Lotoswurzeln
Löwenzahn (junger)
Löwenzahnsaft
Löwenzahnwurzeltee
Luohan-Frucht
Lychee
Lychee (Konserve)
Magermilchpulver
Maishaartee
Majoran
Makannastern Samen
Malventee
Mandarine
Mandelmilch
Mandelmus
Mandeln
Mandeln Marzipan
Mango
Mangold
Mangopulver
Mangosaft
Margarine
Margarine (Diät)
Marillen
Marillensaft
Maulbeerfrucht
Meeräsche
Meereskrebs
Melisse
Miesmuscheln
Mineralwasser
Mirabelle
Miso
Miso schwarz (fermentiert)
Mispel
Mixed Pickels
Mohn
Molke
Moosbeere
Morchel (schwarz, getrocknet)
Mozzarella
Mu-Erh-Pilz
Mungbohne

Mungbohnensprossen
Muskatnuss
Nachtkerzenöl
Nektarine
Nelke
Nierenbohnen (rote)
Nori, Purpurtang, Rotalge
Obstmischung Fruchtsaft
Odermennig
Okra
Oliven
Oliven grün
Olivenöl
Orange
Orange abgeriebene Schale
Orange getrocknete Schale
Orange Schale
Orangenblüten
Orangenmarmelade
Orangensaft
Oregano frisch
Oregano getrocknet
Palmöl
Papaya
Paprika (Rosenpaprikapulver)
Paprika (süß)
Paranuss
Parmesan
Passionsblumenblütentee
Passionsfrucht (Maracuja)
Pastinake
Peperoni
Peperoni, gelb, entkernt, halbiert
Peperoni, rot, entkernt, halbiert
Petersilie
Petersilienwurzel
Pfeffer Cayenne
Pfeffer Körner
Pfeffer weiss (gemahlen)
Pfefferminze
Pfefferminztee
Pfeilwurzelmehl
Pferd Fleisch
Pfifferlinge/Eierschwammerl
Pflaume getrocknet
Piment
Pinienkerne
Pintobohnen gesprenkelt
Pistazien
Preiselbeermarmelade
Puddingpulver Vanille
Pute Schinken
Qualle
Quargel 20%

Quinoa
Quitte
Reh Fleisch
Reineclaude
Reis Basmatireis
Reis Duftreis
Reis Gaoliangreis (Sorghum)
Reis Roter
Reis Sorte beliebig
Reis Vollkorn
Reis Wilder (Naturreis)
Reishi
Reismalz
Reismehl
Reisnudeln
Reisstärke
Rettich schwarz
Rettichblätter (vom Wochenmarkt)
Rind (Kalb)
Rind Filet
Rind Fleisch
Rind Fleischknochen
Rind Herz
Rind Herz (Kalb)
Rind Knochenmark
Rind Lunge (Kalb)
Rind Magen
Rind Ochsenschwanzstücke
Rind Suppenfleisch
Römersalat/Lattich-Salat
Rosenblättertee
Rosenblütentee
Rosinen
Rosmarin
Rote Grütze (ohne Zucker)
Safran
Sahne 10% Kaffeesahne
Sahne sauer 10%
Sahne sauer 20%
Sahne sauer 30%
Sake
Salbei
Salz Kräutersalz
Sanddorn
Sardellen/Sardine
Saubohnen (Dicke Bohnen)
Sauerampfer
Sauerkirsche
Sauerkraut
Sauermilch
Sauerrahm 15% Fett
Schaffleisch
Schafgarbe
Schafgarbentee

Schafmilch Joghurt
Schafskäse
Schafsmilch
Schimmelkäse
Schlehdorn
Schmelzkäse 30%
Schnecke
Schwarzaugenbohnen
Schwarze Bohnen
Schwarzer Fungu Pilz
Schwarzkümmel
Schwarztee
Schwarzwurzel
Schwedenkraut (Schwedenbitter)
Schwein Blut
Schwein Darm
Schwein Fett
Schwein Fleisch
Schwein Haut
Schwein Haxe (Eisbein)
Schwein Hirn
Schwein Lunge
Schwein Magen
Schwein Markknochen
(Röhrenknochen)
Schwein Mettwurst
Schwein Schinken
Schwein Schinken gekocht
Schwein Schinken geselcht
Schwein Schinkenspeck
Seegurke
Senf
Senf Dijon
Senf mittelscharf
Senf süß
Senfsamen
Sesam Paste (Tahini)
Sesam, Schwarzer
Sesamöl geröstet
Shiitake, getrocknet
Shrimps
Silbermorchel, getrocknet
Soja Tofu
Soja Tofu geräuchert
Sojabohnen, Gelbe
Sojabohnen, Schwarze
Sojabohnen, Schwarze, fermentiert
Sojabohnenmilch
Sojacreme
Sojamehl
Soja-Nudeln
Sojaöl
Sojapaste (Miso)
Sojasauce

Sonnenblumenkerne
Sonnenblumenöl
Spinat
Spitzwegerichtee
Stachelbeere
Stangenbohnen (Fisolen)
Steinpilz/Herrenpilz
Sternanis
Stevia (Süßkraut)
Stutenmilch
Süßholzwurzeltee
Süßkartoffel
Süßwasserfisch
Süßwasserkrebs
Tabasco
Taube
Taube Ei
Teemischung Harnsäuresenkend
Thymian
Thymian getrocknet
Tintenfisch
Tomate getrocknet
Tomatenmark
Tomatenpüre
Tomatensaft
Tonicwasser
Topfen (Quark) 40%
Trauben rot
Trauben weiß
Traubenkernöl
Traubensaft rot
Traubensaft weiß
Trüffel
Umeboshipaste
Umeboshipflaumen (Japanaprikosen)
Vanille
Vanillepulver
Vanilleschote
Vanillezucker natur
Vogelmiere
Wachtel
Wachtel Ei

Wakame
Walderdbeeren
Walnüsse geröstet
Walnussöl
Wasser
Wasser heiss
Weißdorn
Weiße Bohnen
Weißfischchen
Weißwurz
Weizen Bulgurweizen
Weizen Gras Pulver
Weizengrassaft
Wermutkraut
Wildschwein Fleisch
Yamswurzel, Yamswurzelknolle
Yogitee
Ysop
Ziege
Ziegen- und Schafsblut
Ziegen- und Schafshirn
Ziegen- und Schafsmagen
Ziegen- und Schafsmilch
Ziegenkäse
Zimtpulver
Zimtstange
Zitrone
Zitrone Saft
Zitrone Schale
Zitrone, Limette
Zitronengras
Zitronenmelisse (frisch)
Zitronenmelisse (getrocknet)
Zucker Fructose Fruchtzucker
Zucker Glukose Traubenzucker
Zucker Milchzucker
Zuckerersatz (Süßstoff)
Zwiebel Frühlingszwiebel
Zwiebel rot
Zwiebel Schalotte
Zwiebel weiss

4.3   Zutaten verwenden: wenig

Bier (alkoholarm)
Bier (alkoholfrei)
Bier (Altbier)
Bier (Pils)
Bitterlikör
Buchweizen Vollkorn
Butterschmalz
Campari
Colagetränk

Erdnuss (geröstet)
Fernet Branca (Kräuterbitterlikör)
Fisch Innereien
Fischreste
Ginsenglikör
Grünkern
Honigwein (Met)
Huhn Eigelb
Huhn Leber

Kokosfett
Lamm Leber
Lamm Nieren
Leinsamen
Leinsamen (geschrotet)
Lycheelikör
Mais Mehl (Maizena)
Maisstärke
Malzbier
Martini
Mayonnaise 50%
Mayonnaise 80%
Prosecco
Reis Schwarzer
Reis Süßer
Rind Leber
Rind Niere
Rotwein
Rum
Sahne, süß 30%
Salz
Schnaps

Schokolade
Schokolade (Diabetiker)
Schwein Bratwurst
Schwein Herz
Schwein Leber
Schwein Nieren
Schwein Schmalz
Sesam, Weißer
Sherry
Tsampa (geröstetes Gerstenmehl)
Weißwein
Weizen Bier
Wermut
Ziegen- und Schafsleber
Zucker (Staubzucker)
Zucker (weiß, aus Rüben)
Zucker braun
Zucker Kandis weiß
Zucker Melasse
Zucker Palmzucker
Zucker Ursüße (Zuckerrohr) süß

4.4 Kontraindikativ wirkende Lebensmittel nicht verwenden

Astronautenkost
Brösel (Weizenbrot, Semmel)
Brötchen (Semmel)
Bulgur (Getreide)
Couscous
Dinkel
Dinkel Brot
Dinkel Flocken
Dinkel Gries
Dinkel Vollkornmehl
Gerste
Gerste (Nacktgerste)
Gerste (Perlgerste)
Gerstengraupen
Gerstengrütze
Gerstenmehl
Hafer
Hafer Flocken (Vollkorn)
Hafer Flocken geröstet
Hafer Mehl
Hafer Milch
Hafer Schmelzlocken (Babynahrung)
Hafer Schrot
Hirse
Hirseflocken
Knäckebrot
Laugengebäck
Mais

Mais (geröstet)
Mais (Schnellpolenta)
Mais Gries (Polenta)
Malz
Maniokmehl
Mehrkornbrot (Graubrot)
Nudeln (Vollkorn) mit Ei
Nudeln (Weizen) mit Ei
Nudeln (Weizen, Bandnudeln) mit Ei
Nudeln (Weizen, Lasagneblätter) mit Ei
Nudeln (Weizen, Spagetti) mit Ei
Pumpernickel
Roggen
Roggen Vollkornbrot
Roggenmehl
Sago (Getreide)
Sauerteig
Toastbrot (Vollkorn)
Vollkornbrot
Vollkornbrot mit ganzen Körner
Vollkornmehl
Weißbrot (Weizenbrot)
Weißbrot Baguette
Weißbrot Brösel (Weizenbrot)
Weißbrot Knödelbrot (Weizenbrot)
Weißbrot Salzstangerl
Weißbrot Semmel
Weizen

Weizen Fladenbrot
Weizen Flocken
Weizen Gries
Weizen Gries - Kindergries
Weizen Mehl

Weizen Mehl Vollkorn
Weizen/Roggen Grau- Schwarzbrot mit
Hefe
Weizenkleie
Zwieback

5 Komplementär

5.1 Heil-Tee (Aufguss)

5.1.1 Baldrian

Blutdrucksenker, Nerven- und Beruhigungsmittel, krampflösend, Linderung klimakterischer Beschwerden.
2 Teelöffel des Tees mit 250 ml kochendem Wasser übergießen und 10 Minuten ziehen lassen. Danach absieben. Nach Bedarf 2 bis 3 Tassen pro Tag trinken.
Wirkstoffe: Baldriansäure, Valepotriate, Bizyklische Sesquiterpene, Alkaloide
Nicht während der Schwangerschaft und Kinder unter 12 Jahren.

5.1.2 Baldrianwurzel

Bei nervösen Reizzuständen, Unruhe, Schlaflosigkeit, Konzentrationsschwäche, nervösem Herzklopfen, nervösen Magen- und Darmerkrankungen.
2 Teelöffel mit 1/4 Liter kaltem Wasser übergießen und 8 Stunden stehen lassen oder mit kochendem Wasser übergießen, 5 bis 10 Minuten ziehen lassen. 2-3 mal täglich lauwarm trinken oder abends 1-2 Tassen warm trinken.

5.1.3 Passionsblume

Beruhigend, krampflösend und angstlösend.
Tasse mit frisch gekochtem Wasser aufgießen.
Tasse gut abdecken und 5 – 10 Minuten ziehen lassen.
Je nach Geschmack mit Zucker, Honig oder Kandis süßen.
Damit die ätherischen Öle erhalten bleiben sollte das Gefäß gut abgedeckt werden.
Die Tagesdosis beträgt bis zu 2 Tassen. Auf eine Tasse kommt ein TL (2-3 g) getrocknete Passionsblume.
Auch gegen Schlafstörungen.

5.1.4 Pfefferminzblätter

Entkrampft, befreit Lunge und Nase (Inhalieren), reguliert Zyklus. Regt Gallenfluss und Gallensaftproduktion an, krampflösend bei Beschwerden im Magen-Darm-Bereich, antimikrobiell und antiviral. 2-10 g mit 250 ml kochendem Wasser übergießen und 10 Minuten ziehen lassen. Danach absieben. Nach Bedarf 2 bis 3 Tassen pro Tag trinken. Wirkstoffe: äth. Öl (Menthol), Gerbstoffe, Flavonoide, Bitterstoffe Nicht lange kochen; nicht verwenden bei: Biao-Xu-Schwitzen oder Schwangerschaft.

5.1.5 Schwarzkümmel

Entkrampfend, immunregulatorisch. Außerdem soll das Öl die Bildung von Knochenmarkszellen anregen und allgemein Körperzellen vor Viren schützen. 1 Esslöffel Samen in 1 Glas mit kochendem Wasser aufbrühen und 10 Minuten ziehen lassen. Anregend, antibakteriell, antimykotisch, antiseptisch, blutdrucksenkend, blutzuckersenkend, entzündungshemmend, galletreibend, harntreibend, menstruationsfördernd, muttermilchfördernd, schweißtreibend, verdauungsfördernd, wurmtötend.

5.2 Komplementäre Anwendung

5.2.1 Ayur Veda

Ayurveda ist eine Kombination aus empirischer Naturlehre und Philosophie, welche die Ausgewogenheit des Körpers anstrebt. Ayurveda hat einen ganzheitlichen Anspruch, da der ganze Mensch mit einbezogen wird. Es werden pflanzliche Heilmittel verabreicht, welche eingenommen oder aufgetragen werden. Dadurch werden Organe gestärkt oder eine Entgiftung/Entschlackung angeregt. Speziell bei Krebs wird das Ungleichgewicht verschiedener Elemente beschrieben und behandelt. Die Methoden der Schulmedizin mit Chirurgie, Strahlentherapien und andere Behandlungsmethoden ähneln denen der Ayurveda in vielen Punkten.

5.2.2 Homöopathie

Homöopathen behandeln ihre Patienten nach dem vom Begründer der Homöopathie, Samuel Hahnemann, aufgestellten Grundsatz: „Ähnliches werde durch Ähnliches geheilt". Zu diesem Zweck werden Substanzen, von denen bekannt ist oder angenommen wird, sie könnten bei gesunden Menschen der Krankheit ähnelnde Symptome hervorrufen, in starker Verdünnung verabreicht. Das dabei durchgeführte Verschütteln der

Substanzen mit einem Lösungsmittel, das nach festgelegten Abläufen oft in vielfacher Durchführung erfolgt und damit eine zunehmende Verdünnung der Ausgangssubstanz zur Folge hat, wird von Homöopathen „Potenzieren" genannt, weil sie glauben, dass die Wirkung durch das Verschütteln verstärkt wird. Wenn von der Theorie gesprochen wird, dass Wasser eine gewisse Merkfähigkeit haben kann erkenne ich die Zusammenhänge. Der Organismus erkennt ohne dem Vorhandensein oder dem minimalen Vorhandensein der Substanzen diese Strukturen und glaubt, dass die Inhaltsstoffe vorhanden sind. Jetzt wird eine Regulierung gestartet, welche diese Substanzen im Körper verarbeiten soll und beeinflussen so den regulären Stoffwechsel in der gewünschten Wirkungsweise. Diese Wirkungen können die Lebensqualität steigern, Erkrankungen lindern oder direkt in ein Krebsgeschehen einwirken. Da auch stimmungsverändernde Präparate verabreicht werden können, werden alleine dadurch auch die Immunkräfte gestärkt. Meistens geht so eine Therapie gleichzeitig mit Veränderung von schädlichen Lebensumständen einher, welches eine Wechselwirkung erzeugen kann.

5.2.3 Selbsthilfegruppen

Die meisten Mitglieder von Selbsthilfegruppen haben die Erfahrung gemacht, die Belastungen der Erkrankung besser zu bewältigen. Die meisten Mitglieder von Selbsthilfegruppen haben die Erfahrung gemacht, die Belastungen der Erkrankung besser zu bewältigen. Durch den Erfahrungsaustausch werden die für den jeweiligen Krankheitsverlauf besten Möglichkeiten der Mithilfe bei der Therapie erkannt. Durch die Eingliederung in eine Gemeinschaft wird auch der Zustand der Einsamkeit in seiner Situation bewältigt. Speziell bei der Lösungsfindung zu einzelnen Situationen können selbst Betroffene viel glaubwürdiger ihr Fachwissen vermitteln, als Personen, welche die Methoden lediglich theoretisch gelernt haben. Die Mitglieder können außerdem meistens besser mit Ärzten und Therapeuten sprechen, weil die Themen bereits in den Gruppen besprochen wurden. Außerdem gelingt den Selbsthilfegruppen oft kritische und innovative Impulse auszudrücken, welche zur Veränderung und zum Umdenken im professionellen Bereich beitragen. In Selbsthilfegruppen wird Fachwissen zusammengetragen und durch Erfahrungen der einzelne Betroffenen ergänzt. So entsteht ein ganzheitliches Wissen, das die Mitglieder befähigt, Entscheidungen fundiert zu treffen und in unüberschaubaren System der Therapieangebote professionelle Dienste sinnvoll zu nutzen. Patienten, die in der Selbsthilfe engagiert sind, haben oft kürzere Klinikaufenthalte, weniger Therapiestunden und einen geringeren Medikamentenverbrauch.

5.3 Speisezugabe

5.3.1 Oregano frisch

Er wirkt verdauungsfördernd, beruhigend und nervenstärkend, gegen krampfartige Magen- und Darmbeschwerden. Der Inhaltsstoff Carvacrol wirkt entzündungshemmend.

2 TL Oregano (getrockneter) mit 250 ml kochendem Wasser zubereiten.

1 TL Honig nach Bedarf.

Wirkstoffe: äth. Öl, Gerbstoffe, Bitterstoffe

Er wirkt verdauungsfördernd, beruhigend und nervenstärkend. Das beste Aroma hat er zur Blütezeit. Oregano ist das typische Pizzagewürz. Es passt zu Fleisch, in Suppen und Eintöpfe, zu Tomaten, Zucchini und Erbsen. Auch die aromatischen rosa bis weißen Blüten werden verwendet. Beim Kochen entfaltet sich das Aroma.

Die innerliche Anwendung sollte bei Schwangeren vermieden werden. Hautreizung möglich. Nicht überdosieren.

6 Grundlagen der Ernährung

Die hier beschriebenen Grundlagen der Ernährung zeigen allgemeine Empfehlungen und beziehen sich nicht auf eine spezielle Therapieform. Die Empfehlungen der Therapie haben Vorrang.

6.1 Ernährung

Die regelmäßige Einnahme von Mahlzeiten in entspannter Atmosphäre. Ein wärmendes Frühstück gilt als guter Start in den Tag. Mittags sollte die Hauptmahlzeit stattfinden - das Abendessen am frühen Abend.

Die Beachtung von Hunger- und Sättigungsgefühlen: Nicht überessen und nicht hungern, so lautet die Regel.

Die frische Zubereitung der Speisen aus naturbelassenen, regionalen Produkten. Tiefgekühlte, hitzekonservierte, industriell vorgefertigte oder mikrowellengegarte Lebensmittel werden gemieden.

Die Auswahl von Lebensmittel nach der Jahreszeit: Im Sommer mehr kühlende Nahrung, im Winter mehr wärmende Nahrung.

Mindestens zweimal am Tag Gekochtes essen. Speisen und Getränke sollen möglichst handwarm, niemals eiskalt oder heiß sein.

Rohkost, kurz gegartes Gemüse, frisch gepresste Säfte und Mineralwasser werden üblicherweise nicht empfohlen. Milch und Milchprodukte stehen nur dann auf dem Speiseplan, wenn sie problemlos vertragen werden.

Therapeutische Rezepte nicht über einen längeren Zeitraum ohne Rücksprache mit dem Arzt oder Therapeuten einnehmen.

1. Vielseitig essen
Lebensmittelvielfalt genießen. Merkmale einer ausgewogenen Ernährung sind abwechslungsreiche Auswahl, geeignete Kombination und angemessene Menge nährstoffreicher und energiearmer Lebensmittel. (Einerseits Schutz vor Unterversorgung mit essentiellen Nährstoffen und andererseits Schutz vor einer überhöhten Zufuhr unerwünschter Inhaltsstoffe.)

2. Reichlich Getreideprodukte - und Kartoffeln
Brot, Nudeln, Reis, Getreideflocken (am besten aus Vollkorn), sowie

Kartoffeln enthalten kaum Fett, aber reichlich Vitamine, Mineralstoffe, Spurenelemente sowie Ballaststoffe und sekundäre Pflanzenstoffe. Diese Lebensmittel sollten mit möglichst fettarmen Zutaten verzehrt werden.

3. Gemüse und Obst - Nimm "5" am Tag ...

5 Portionen Gemüse und Obst am Tag, möglichst frisch, nur kurz gegart, oder auch eine Portion als Saft – idealerweise zu jeder Hauptmahlzeit und auch als Zwischenmahlzeit: Damit werden reichlich Vitamine, Mineralstoffe sowie Ballaststoffe und sekundären Pflanzenstoffe (z.b. Carotinoiden, Flavonoiden) zugeführt. Das Beste, was man für die eigene Gesundheit tun kann.

4. Täglich Milch und Milchprodukte, ein- bis zweimal in der Woche

Fisch; Fleisch, Wurstwaren sowie Eier in Maßen. Diese Lebensmittel enthalten wertvolle Nährstoffe, wie z.b. Calcium in Milch, Jod, Selen und Omega-3-Fettsäuren in Seefisch. Fleisch ist wegen des hohen Beitrags an verfügbarem Eisen und an den Vitaminen B1, B6 und B12 vorteilhaft. Mengen von 300 - 600 g Fleisch und Wurst pro Woche reichen hierfür aus. Fettarme Produkte bevorzugen, vor allem bei Fleischerzeugnissen und Milchprodukten.

5. Wenig Fett und fettreiche Lebensmittel

Fett liefert lebensnotwendige (essenzielle) Fettsäuren und fetthaltige Lebensmittel enthalten auch fettlösliche Vitamine. Fett ist besonders energiereich, daher kann zu viel Nahrungsfett Übergewicht fördern, möglicherweise auch Krebs. Zu viele gesättigte Fettsäuren fördern langfristig die Entstehung von Herz-Kreislauf-Krankheiten. Pflanzliche Öle und Fette bevorzugen (z.b. Raps-, Oliven- und Sojaöl und daraus hergestellte Streichfette). Auf unsichtbares Fett achten, das in Fleischerzeugnissen, Milchprodukten, Gebäck und Süßwaren sowie in Fast-Food- und Fertigprodukten meist enthalten ist. Insgesamt 70 - 90 Gramm Fett pro Tag reichen aus.

6. Zucker und Salz in Maßen

Nur gelegentlich Zucker und Lebensmittel, bzw. Getränke verzehren, die mit verschiedenen Zuckerarten (z.B. Glucose Sirup) hergestellt wurden. Kreativ mit Kräutern und Gewürzen und wenig Salz würzen. Jodiertes Speisesalz bevorzugen.

7. Reichlich Flüssigkeit

Wasser ist absolut lebensnotwendig. Jeden Tag rund 1-2 Liter Flüssigkeit trinken. Wasser (ohne oder mit Kohlensäure) und andere kalorienarme Getränke bevorzugen. Alkoholische Getränke sollten nicht konsumiert werden.

8. Schmackhaft und schonend zubereiten
Die jeweiligen Speisen bei möglichst niedrigen Temperaturen garen, soweit es geht kurz, mit wenig Wasser und wenig Fett - das erhält den natürlichen Geschmack, schont die Nährstoffe und verhindert die Bildung schädlicher Verbindungen.

9. Sich Zeit nehmen und das Essen genießen
Bewusstes Essen hilft, richtig zu essen. Auch das Auge isst mit. Sich beim Essen Zeit lassen. Das macht Spaß, regt an, vielseitig zuzugreifen und fördert das Sättigungsempfinden.

10. Auf das Gewicht achten und in Bewegung
Ausgewogene Ernährung, viel körperliche Bewegung und Sport (30 bis 60 Minuten pro Tag) gehören zusammen. Mit dem richtigen Körpergewicht fühlt man sich wohl und fördert die Gesundheit.
Thermik, Wirkrichtung, Verdauungskraft
Es gibt unterschiedliche Kriterien, die Wirksamkeit von Kräutern und Lebensmittel zu beurteilen. Der Einsatz der Kräuter und Zutaten basiert auf Beobachtung, was die Lebensmittel, Kräuter und Gewürze nach ihrem Verzehr im Körper bewirken. In der Medizin hat sich daraus folgendes System entwickelt: Jede Zutat oder Kraut hat eine Wirkrichtung. Außerdem gibt es noch Kräuter, die eine besondere Wirkung auf bestimmte Organe haben.

Voraussetzung für einen gesunden Stoffwechsel ist es, darauf zu achten, dass wir ausreichend Energie aus der Nahrung gewinnen und der Verdauungsprozess so wenig Energie wie möglich verbraucht. Eine bekömmliche Mahlzeit macht zufrieden und satt, verursacht keine Blähungen und keine Müdigkeit nach dem Essen. Richtiges Würzen erhöht die Bekömmlichkeit unserer Speisen. Es genügen oft schon geringe Mengen an Kräutern und Gewürzen. Sie dienen nicht dazu, uns satt zu machen, sondern helfen unseren Verdauungsorganen, die Nahrung zu verdauen.

6.2 Rezepte

Die Rezepte zeigen Ihnen welche Zutaten verwendet werden sowie mit der Kochanleitung wie diese zubereitet werden. Bei den Zutaten wird neben den Mengenangaben auch die Wichtigkeit für die Therapie angezeigt. Wenn dabei angezeigt wird "weniger als angegeben" versuchen Sie diese Empfehlung einzuhalten oder eine Alternative aus der Liste der "Empfohlenen Lebensmittel" zu finden. Meistens ist es nur eine leichte geschmackliche Änderung wenn Sie diese Zutat gänzlich weglassen.

Schonende Kochmethoden: Kochen, dämpfen, pochieren, dünsten
Scharfe Kochmethoden: Grillen, rösten, anbraten, räuchern
Ausgeglichene Kochmethoden: Frittieren, Römertopf

Auf das Einfrieren und erwärmen in der Mikrowelle sollte verzichtet werden (Denaturierung).

6.3 Lebensmittel

Lebensmittel wirken wie Heilkräuter auf Körper und Geist, nur wesentlich sanfter. Die Ernährungsberatung stützt sich hauptsächlich auf heimische Lebensmittel. Das Wissen über die Wirkungsweisen jedes einzelnen Lebensmittels und das Wissen wann welche Lebensmittel zur Anwendung kommen, entstammt der Schulmedizin. Verwende Sie möglichst Erzeugnisse aus ökologischen-biologischem Landbau.

Da wegen der besseren Verdaulichkeit grundsätzlich alles lange gekocht und kaum roh gegessen wird, ist die Verträglichkeit hervorragend.

Die Einteilung der Lebensmittel entsprechend ihrer Wirkung auf den Körper und bildet die Basis, um einen ausgewogenen und harmonischen Gesundheitszustand im Körper zu erreichen.

Grundsätzlich empfiehlt die Ernährungsberatung keine bestimmten Lebensmittel für Jedermann. Ausschlaggebend für den individuellen Speiseplan ist vor allem die persönliche Konstitution.

Kaufen Sie nur frisches und reifes Obst und Gemüse ein. Braune Stellen, welke Blätter aber auch unreifes Obst und Gemüse sollten Sie im Supermarkt zurücklassen. Greifen Sie dann zu Tiefkühlware (keine Fertiggerichte!). Tiefkühlobst und -gemüse werden kurz nach dem Ernten schockgefroren und enthalten deshalb oftmals mehr Vitamine und Mineralstoffe, als die Ware aus der Obst- und Gemüsetheke! Konserven- und Dosenware dagegen enthält wesentlich weniger Biostoffe. Zudem werden Letztere meist mit Salz, Zucker usw. angereichert. Lassen Sie die Zutaten nach dem Waschen nie im Wasser liegen, denn so gehen viele Vitalstoffe ins Wasser über! Putzen Sie Salate, Früchte und Gemüse erst unmittelbar vor Verzehr.

Beachten Sie bitte die hygienische Verarbeitung der Lebensmittel. Waschen Sie Ihre Salate, Früchte und Gemüse gründlich. Bei Gerichten mit Fleisch bereiten Sie zuerst die Zutaten vor und verarbeiten dann die Fleischprodukte. Reinigen Sie danach die Arbeitsflächen und Werkzeuge besonders gründlich. Holzunterlagen sollten regelmäßig mit leichtem Desinfektionsmittel behandelt werden um die Keimbildung einzuschränken.

Bewahren Sie Obst und Gemüse möglichst getrennt voneinander auf. Auch geerntete Früchte und Gemüse leben und strömen z.b. Ethylengas aus, das andere Sorten schneller reifen und altern lässt. Fleisch und Fisch in der verschlossenen Verpackung lassen oder in luftdichten Boxen im Kühlschrank aufbewahren.

6.4 Kräuter

Bei der Aufbewahrung und Lagerung von Heilkräutern, müssen gewisse Grundregeln beachtet werden. Grundsätzlich müssen Heilkräuter geschützt vor direkter Sonneneinstrahlung, vor Feuchtigkeit und vor heißen Temperaturen gelagert werden.

Als Gefäße für die Lagerung von Heilkräutern können Gläser, Keramik-Behälter und zur Not auch Plastik-Dosen eingesetzt werden. Plastik ist aber ein sehr unreines Material und sollte daher wirklich nur eine kurzfristige Notlösung sein. Bei Glasbehältern ist darauf zu achten, dass dunkles Glas verwendet wird.

Heilkräuter können nicht beliebig lange aufbewahrt werden. Die Haltbarkeit von Heilkräutern ist auf jeden Fall begrenzt. Durch die Haltbarkeitsdauer kann durch sachgerechte Lagerung wesentlich erhöht werden. So soll der Lagerplatz dunkel, eher kühl und absolut trocken sein. Ein Medizinschrank aus Holz, der nicht direkt bei einer Wärmequelle platziert ist wäre ideal. Um Ihre Heilkräuter nicht wegwerfen zu müssen, kaufen Sie nicht zu große Mengen an Heilpflanzen. Beschriften Sie die Behälter mit dem Namen des Heilkrauts und dem Datum der Ernte bzw. der Verarbeitung.

7 Weitere Ernährungsvorschläge

Folgende Syndrome der Diätetik, der TCM oder als Therapieergänzung bei Krebs sind verfügbar.

DIÄTETIK

1. Ernährung des Säuglings - Beikost
2. Ernährung in der Stillzeit
3. Ernährung im Alter
4. Ernährung von Kindern und Jugendlichen
5. Ernährung von Sportlern
6. Leichte Vollkost
7. Schwangerschaft
8. Vollkost

Eiweiß und Elektrolyt – Nieren

9. (Hämo-)Dialysebehandlung
10. Akutes Nierenversagen
11. Chronische Niereninsuffizienz
12. Nephrotisches Syndrom
13. Nierensteine (Nephrolithiasis)

Gastrointestinaltrakt - Bauchspeicheldrüse

14. Akute Pankreatitis (Entzündung der Bauchspeicheldrüse)
15. Chronische Pankreatitis (Entzündung der Bauchspeicheldrüse)

Gastrointestinaltrakt - Dünndarm und Dickdarm

16. Akute Obstipation (Verstopfung)
17. Chronische Obstipation (Verstopfung)
18. Colon irritabile
19. Divertikulitis
20. Erworbene Laktoseintoleranz (Laktosemalabsorption)
21. Fruktosemalabsorption
22. Glutensensitive Enteropathie (Zöliakie)
23. Kolektomie
24. Kurzdarmsyndrom

Gastrointestinaltrakt - Leber, Gallenblase, Gallenwege

25. Akute und chronische Hepatitis (Entzündung der Leber)
26. Cholelithiasis (Gallensteine)
27. Fettleber
28. Leberzirrhose

Gastrointestinaltrakt - Magen und Zwölffingerdarm

29. Akute Gastritis
30. Chronische Gastritis
31. Magenblutung
32. Ulcus ventriculi und Ulcus duodeni
33. Zustand nach Magenoperation

Gastrointestinaltrakt - Mundhöhle und Speiseröhre

34. Mundschleimhautentzündung
35. Ösophaguskarzinom (Speiseröhrenkrebs)
36. Reflüxösophagitis (Sodbrennen)

spezielle Krankheiten

37. Phenylketonurie (PKU)
38. Rheumatische Gelenkserkrankungen

Stoffwechsel
39. Adipositas (Übergewicht)
40. Diabetes mellitus
41. Essstörungen (Untergewicht)
Fettstoffwechsel
42. Hypercholesterinämie (erhöhter Cholesterinspiegel)
43. Hepatische Enzephalopathie
Herz- und Kreislauf
44. Arteriosklerose (Arterienverkalkung)
45. Herzinsuffizienz
46. Hypertonie (Bluthochdruck)
47. Hyperurikämie und Gicht
veränderter Nährstoffbedarf
48. bei Fieber
49. bei malignen Erkrankungen
50. nach Verbrennungen
51. Strahlen- und Chemotherapie

KREBS
100. Bauchspeicheldrüse
101. Blasenkrebs
102. Blutkrebs (Leukämie)
103. Brustkrebs
104. Darmkrebs
105. Magenkrebs
106. Nierenkrebs
107. Speiseröhrenkrebs

TCM
200. Blase - Feuchte Hitze in der Blase
201. Blase - Feuchtigkeit und Kälte in der Blase
202. Blase - Leere und Kälte in der Blase
203. Dickdarm - äussere Kälte befällt den Dickdarm
204. Dickdarm - Feuchte Hitze im Dickdarm
205. Dickdarm - Hitze blockiert den Dickdarm II akut
206. Dickdarm - Trockenheit des Dickdarms
207. Dickdarm - Yang Mangel (Kälte)
208. Herz - Blut Mangel
209. Herz - Blut Stagnation
210. Herz - Feuer
211. Herz - Heisser Schleim verstopft die Herzporen
212. Herz - Kalter Schleim verstopft die Herzporen
213. Herz - Qi Mangel
214. Herz - Yang Mangel
215. Herz - Yin Mangel
216. Leber - aufsteigender Leber-Yang
217. Leber - Blut-Mangel
218. Leber - Blut-Stagnation
219. Leber - feuchte Hitze in Leber und Gallenblase
220. Leber - Feuer
221. Leber - Gallenblase Qi-Leere
222. Leber - Kälte im Lebermeridian
223. Leber - Qi-Stagnation

224. Leber - Wind
225. Leber - Wind mit aufsteigendem Leber Yang
226. Leber - Wind mit Blutleere
227. Leber - Wind mit extremer Hitze
228. Lunge - Qi Mangel
229. Lunge - Schleim-Feuchtigkeit in der Lunge
230. Lunge - Schleim-Hitze in der Lunge
231. Lunge - Schleim-Kälte in der Lunge
232. Lunge - Trockenheit der Lunge
233. Lunge - Wind-Hitze befällt die Lunge
234. Lunge - Wind-Kälte befällt die Lunge
235. Lunge - Yin Mangel
236. Magen - Blutstagnation
237. Magen - Feuer
238. Magen - Magenkälte mit Flüssigkeit
239. Magen - Nahrungsstagnation
240. Magen - Qi Mangel
241. Magen - rebellierendes Magen Qi
242. Magen - Yin Leere
243. Milz - Hitze und Feuchtigkeit befällt die Milz
244. Milz - Kälte und Feuchtigkeit befällt die Milz
245. Milz - Qi Mangel
246. Milz - Qi Mangel + Absinkendes MilzQi
247. Milz - Qi Mangel + Milz kontrolliert das Blut nicht
248. Milz - Yang Mangel
249. Niere - Herz und Niere kommunizieren nicht mehr
250. Niere - Jing Mangel
251. Niere - Nieren können das Qi nicht empfangen
252. Niere - Qi ist nicht fest
253. Niere - Yang Mangel
254. Niere - Yin Mangel